AF641427

Valentine Vincenot
happy as a bee
Fotografien von Jonas Jacquel

ZERO-WASTE-PROJEKTE

für die Kleinen

28 tolle
Recycling-Ideen

CV

Einleitung

Ich war schon immer eine von den Sammlerinnen. Bereits als kleines Kind habe ich mir bei jedem Stückchen Garn, Band oder Verpackung überlegt, ob und wie man es einmal weiterverwenden könnte. Das hat sich mit der Zeit nicht geändert, zur großen Verzweiflung meines Mannes ...! Im Laufe der Jahre habe ich aber zum Glück gelernt, wie man diesen gehorteten Teilen ein zweites Leben einhauchen kann.

So findest du in diesem Buch zahlreiche Ideen, mit denen du aus deinen kleinen Schätzen oder Dingen, die du ursprünglich wegwerfen wolltest, etwas Neues machen kannst. Holzdosen, Verpackungen von Milchpulver, Stoffreste: Nicht wegwerfen, sondern upcyceln!

Sieh mal in deinen Schränken nach Stoffen, sortiere Kleidungsstücke aus, die du nicht mehr trägst (weil sie nicht mehr passen, Flecken haben oder aus der Mode geraten sind). Wundervolle Dinge findet man auch bei Großmüttern, auf Flohmärkten oder in sozialen Einrichtungen, die Gebrauchtes günstig verkaufen. Die vergilbte Tagesdecke wird zu einer tollen Füllung für einen Krabbelteppich oder das Kleid mit Flecken zu einem Schlafsack ... Unter deinen Händen werden diese verschmähten Teile wieder zu neuen wertvollen Dingen umgestaltet ... perfektes Zero Waste!

Inhalt

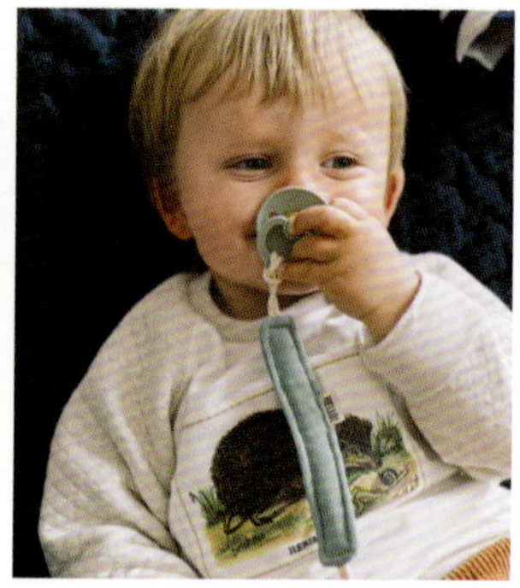

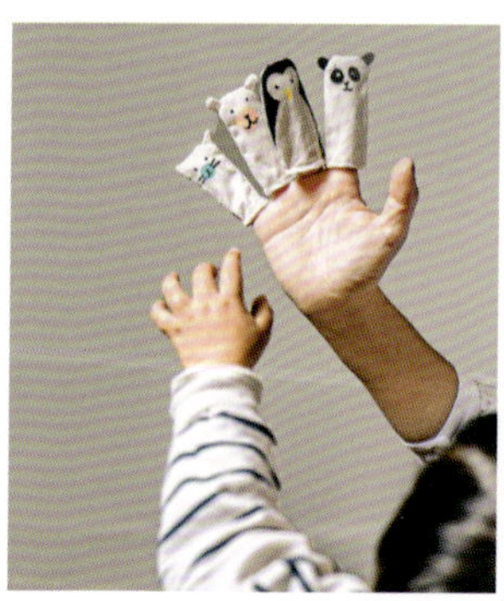

LINIMENT
GEL DOUCHE

Spielhöschen

– aus einem Hemd –

MATERIAL

Hemd in Erwachsenengröße

Etwa 50 cm flaches Gummiband, etwa 0,5 cm breit, für die Beinausschnitte (1 Monat: 2 x 22 cm, 3 Monate: 2 x 23 cm und 6 Monate: 2 x 24 cm)

1,50 m Schrägband

Passendes Nähgarn

AUSSERDEM

Transparentpapier

Bleistift

Stecknadeln

1 Sicherheitsnadel

Schere

Nähmaschine

VORLAGEN

Siehe Seite 72–73

1 Die Vorlagenteile auf das Transparentpapier übertragen und dabei die Teile zusammenfügen. Die Vorlage ausschneiden.

2 Das Hemd waschen und die Brusttasche abtrennen, falls vorhanden. Die Vorlage auf das Hemd stecken – dabei muss das Hemd links auf links und die Knopfleiste schön mittig liegen.

3 Einen Streifen von 5,5 x 60 cm für den gekräuselten Kragen ausschneiden.

4 Rück- und Vorderseite rechts auf rechts aufeinanderlegen und an den Schultern zusammennähen. Auf rechts wenden.

5 An einer Längskante und an beiden kurzen Kanten des Kragens jeweils einen sehr schmalen Saum oder einen Rollsaum nähen. Auf die offene Längskante mit großen Stichen und lockerer Fadenspannung zwei Fäden zum Einkräuseln nähen.

6 Zum Kräuseln an diesen Fäden ziehen, um den Kragen auf die Weite des Halsausschnitts – gemessen jeweils ab der Mitte der Knopfleisten – zu bringen. Den Kragen am Ausschnitt feststecken, dabei liegt die linke Seite des Kragens auf der rechten des Spielhöschens. Die Kräuselungen gleichmäßig verteilen. Dann den Kragen mit einer Nahtzugabe von 5 mm festnähen.

7 Das Schrägband rechts auf rechts, ab und bis vordere Kante der Knopfleisten, am Halsausschnitt feststecken und die Enden des Schrägbands 1 cm breit einschlagen. Bis zum Rand feststeppen. Die Nahtzugaben (von Stoff und Schrägband) nach innen bügeln, das Schrägband auf die Innenseite des Halsausschnittes falten, bügeln und feststeppen.

8 Die Seiten des Spielhöschens rechts auf rechts zusammenstecken und feststeppen. Das Höschen auf rechts wenden.

9 Ein Schrägband rechts auf rechts und Kante auf Kante auf einen Beinausschnitt stecken, dabei an beiden Seiten die kurzen Enden nach innen einschlagen, und knappkantig feststeppen. Die Nahtzugaben nach innen bügeln, das Schrägband auf die linke Seite des Kleidungsstücks falten und 8 mm neben der Kante feststeppen, sodass ein Tunnel entsteht. Ebenso mit der anderen Beinöffnung verfahren und auch dort einen Tunnelsaum anfertigen.

10 Das Gummiband halbieren. Ein Stück mithilfe einer Sicherheitsnadel in einen Tunnel ziehen, die Enden aufeinanderlegen und feststeppen. Das andere Gummiband in den anderen Tunnel ziehen und an den Enden zusammennähen.

11 Die beiden Kanten zwischen den Beinausschnitten rechts auf rechts aufeinanderlegen und zusammennähen. Die Armausschnitte ebenfalls mit Schrägband versäubern.

CAR
DE SA
Nom
VINCENOT
Anatole

Schutzhülle für den Vorsorgepass

– aus Stoffresten –

MATERIAL

Stoffrest, etwa 30 x 40 cm für die Außenseite

Stoffreste, etwa 30 x 80 cm für das Futter und die Klappen

Passendes Nähgarn

Stickgarn

AUSSERDEM

Stecknadeln

Sticknadel

Schere

Nähmaschine

Bügeleisen

VERWENDETE STICKSTICHE

Steppstich

Plattstich

VORLAGEN

Siehe Seite 69 und 72–73

1 Aus dem Stoff für die Außenseite und aus dem Futterstoff je ein Rechteck von 33 x 24 cm ausschneiden.

2 Aus dem Futterstoff zwei Rechtecke von je 20 x 24 cm für die Klappen ausschneiden.

3 Die Klappenteile jeweils so links auf links falten, dass sie 10 x 24 cm groß sind.

4 Die Umrisse des Motivs im Steppstich in der rechten Hälfte mittig auf den Außenstoff sticken, den Hut und die Details im Plattstich arbeiten.
Den Namen des Babys im Steppstich unter das Motiv sticken.

5 Die Klappen an den kurzen Kanten rechts auf rechts und Kante auf Kante auf den Außenstoff legen, die Bruchkanten zeigen zur Stoffmitte.
Den Futterstoff rechts auf rechts darauflegen.

6 An den Kanten rundum feststecken und mit 1 cm Nahtzugabe feststeppen, dabei an einer Längsseite eine etwa 20 cm große Wendeöffnung lassen.

7 Die Nahtzugaben an den Ecken schräg zurückschneiden, damit sie sich später schön legen.

8 Die Hülle auf rechts wenden und bügeln.

9 Die Wendeöffnung von Hand zunähen.

Schnullerkette

– aus Stoffresten –

MATERIAL

Stoffreste, zweimal etwa 6 x 20 cm

Rest Volumenvlies, etwa 6 x 20 cm

Baumwollkordel, 24 cm lang

1 Zier-Etikett

Befestigungsclip für die Kette

AUSSERDEM

Stecknadeln

1 Holzstäbchen

Schere

Nähmaschine

1 Zwei Rechtecke von 18 x 5 cm aus den Stoffresten und ein Rechteck in derselben Größe aus dem Volumenvlies ausschneiden.

2 Die beiden Stoff-Rechtecke rechts auf rechts aufeinanderlegen. Die Kordel halbieren. Je ein Stück zur Hälfte falten und an den kurzen Kanten mittig zwischen die Stofflagen schieben, sodass die Schnittkanten von Kordeln und Stoff bündig liegen. Feststecken oder heften. Das Etikett an einer langen Kante zwischen die Lagen schieben und kantenbündig feststecken. Das Rechteck aus Volumenvlies obenauf legen.

3 Alles mit einer Nahtzugabe von 1 cm rundum zusammensteppen, dabei eine Wendeöffnung lassen. Die Nahtzugaben an den Ecken schräg zurückschneiden und den Streifen auf rechts wenden. Mithilfe eines Holzstäbchens die Ecken sauber ausformen.

4 Die Öffnung schließen und zum Schluss den Stoffstreifen rundum knappkantig absteppen.

5 Schnuller und Befestigungsclip an den Kordelschlaufen einhängen.

HELLO!

Tast- und Fühlbuch

– aus Stoffresten –

MATERIAL

Stoffreste

Moltonstoff

Bügelfolie in verschiedenen Farben (grün, rot, gelb etc.)

7 Pompons, je etwa 2 cm ø

Grünes, breites Band

Grüne Kordel (nach Belieben)

20 cm Schrägband

Stickgarn in verschiedenen Farben

AUSSERDEM

Transparentpapier

Bleistift

Auswaschbarer Markierstift

Sticknadel

Stecknadeln

Schere

Nähmaschine

Bügeleisen

VORLAGEN

Siehe Seite 75

1 Aus den Stoffresten sechs Stücke von je 16 x 15 cm und aus dem Moltonstoff drei Stücke in derselben Größe ausschneiden.

2 Den Apfel, die Kirsche, die Zitrone und die Melone auf die Rückseite der gewünschten Bügelfolie übertragen, ausschneiden und auf die Stoffreste bügeln. Alternativ die Motive direkt auf den Stoff zeichnen und aufsticken.

3 Die Ananas aufzeichnen, die Form 2 x auf ein farbiges Stoffstück übertragen und beide Stücke ausschneiden. Rechts auf rechts aufeinanderlegen, rundum feststeppen, dabei die Oberkante offen lassen. Die Nahtzugaben zackenförmig einschneiden und die Arbeit wenden. Die Ananas gitterartig absteppen, dabei 2 cm Abstand zwischen den Nahtlinien lassen. Drei Stückchen vom grünen Band mittig falten, ebenso zwei Kordeln von etwa 8 cm Länge. Die Enden in die Öffnung schieben und mit einer Nahtzugabe von 2 mm feststeppen.
Die Ananas auf ein Stück Stoff nähen.

4 Das Blatt und den Stiel der Traube auf grüne Bügelfolie übertragen und ausschneiden. Auf ein Stoffstück bügeln und die Pompons von Hand so aufnähen, dass sie die Form einer Traube bilden. Den Vornamen des Kindes, für das das Buch gedacht ist, auf eine der Seiten sticken.

5 Die Buchseiten wie gewünscht paarweise rechts auf rechts aufeinanderlegen. Ein Stück Moltonstoff darauflegen und die Lagen mit einer Nahtzugabe von 5 mm jeweils an der unteren Kante, an einer Seite und der oberen Kante zusammennähen. Die Nahtzugaben an den Ecken zurückschneiden und die Buchseiten wenden.

6 Die Buchseiten so aufeinanderlegen, dass die offenen Kanten alle in dieselbe Richtung zeigen. Die offenen Kanten durch alle Stoffschichten zusammensteppen und mit dem Schrägband einfassen.

Bild mit Löwe

– aus Wollresten –

MATERIAL

Wollreste

22 x 22 cm Jute- oder Aidastoff

Schwarzes Stickgarn

AUSSERDEM

Transparentpapier

Bleistift

Auswaschbarer Markierstift

Punchneedle

Sticknadel

Stickring, 20 cm ø

VERWENDETE STICKSTICHE

Flacher Stickstich mit der Punchneedle

Schlingenstich mit der Punchneedle

VORLAGE

Siehe Seite 68

1 Den Stickring mit dem Stoff bespannen. Die Vorlage vergrößern, auf Transparentpapier und dann auf den Stoff übertragen.

2 Die für den Kopf gewählte Farbe in die Punchneedle einfädeln und die Innenfläche des Kopfes mit dem Stickstich ausfüllen. Die Farbe wechseln und auf dieselbe Weise den oberen Bereich der Schnauze sticken.

3 Wieder mit einer anderen Farbe die Mähne sticken. Dafür die Stickarbeit wenden und von der Rückseite im Schlingenstich arbeiten.

4 Zum Schluss die Augen, die Schnauze und den Mund mit der Sticknadel und mit Stickgarn aufsticken.

TIPPS

- Darauf achten, dass die Stiche gleichmäßig ausgeführt werden, vor allem am Kopf des Löwen.
- Den Stoff beim Sticken straff halten und gegebenenfalls zwischendurch neu spannen. So lässt es sich besser arbeiten.
- Das Garn der Punchneedle muss locker geführt werden, sonst bilden sich die Schlingen nicht richtig und lösen sich auf.
- Um runde Formen auszufüllen, zuerst die Umrisse sticken und dann spiralförmig nach innen fortfahren. Bei geometrischen Formen Linie für Linie arbeiten.

Wimpelgirlande

- aus Stoffresten -

MATERIAL

Stoffreste

2,50 m Schrägband

Wollreste, kleine Pompons, Glöckchen

Nähgarn

AUSSERDEM

Karopapier

Bleistift

Nähnadel

Stecknadeln

Schere

Nähmaschine

Bügeleisen

VORLAGE

Siehe Seite 69

1 Die Vorlage vergrößern, auf Transparentpapier übertragen und ausschneiden. Aus den Stoffresten 18 Dreiecke ausschneiden.

2 Zwei Dreiecke rechts auf rechts aufeinanderlegen. Die beiden schrägen Kanten steppen, die obere Basiskante (A-B) offen lassen. Die Nahtzugabe an der Spitze zurückschneiden.

3 Die anderen Dreiecke auf dieselbe Weise zusammenfügen, dann alle Wimpel auf rechts wenden und bügeln.

4 Das Schrägband längs mittig falten und von einem Ende aus 50 cm feststeppen. Dann die Wimpel nebeneinander so an das Schrägband stecken, dass die offene Basiskante zwischen den beiden Hälften des Bandes an der Bruchkante liegt. Das Schrägband auf der ganzen Länge zusammennähen, dabei die Wimpel mitfassen.

5 Kleine Pompons (selbst gemacht oder fertig gekauft), Glöckchen oder andere kleine Zierteile an die Spitzen der Wimpel nähen.

Krabbelteppich

– aus Stoffresten –

MATERIAL

Stoffreste, 90 cm breit

70 x 90 cm Füll-Einlage, zusätzlich ein paar Reste

70 x 90 cm Stoff für die Rückseite

Bandreste

Nähgarn

Augen zum Aufbügeln

AUSSERDEM

Transparentpapier

Bleistift

Textilmarker

Holzstäbchen

Stecknadeln

Schere

Nähmaschine

Bügeleisen

VORLAGEN

Siehe Seite 78

1 Die Vorlagen vergrößern, auf Transparentpapier übertragen und die Teile ausschneiden. Die kleinen Teile - Stern und Muschel - jeweils 2 x aus Stoff und 1 x aus Füllmaterial ausschneiden, dabei stets 1 cm Nahtzugabe hinzufügen.

2 Die beiden Stoffstücke jedes Teils rechts auf rechts aufeinanderlegen und das entsprechende Teil aus Füllmaterial darauflegen.

3 Rundum mit einer Nahtzugabe von 1 cm steppen, dabei eine Wendeöffnung lassen. Die Nahtzugaben auf 3 mm kürzen, an den Ecken zurückschneiden und an den Spitzen einschneiden. Die Teile auf rechts wenden und die Ecken mithilfe eines Holzstäbchens sauber ausformen. Die Öffnungen schließen.

4 Die Tintenfische ebenso nähen, jedoch, bevor sie geschlossen werden, die Enden der Bänder in die Öffnung schieben, damit sie beim Schließen mitgefasst werden. Die Augen aufbügeln.

5 Für den Teppich ein Rechteck von 70 x 90 cm in Patchworkarbeit mit freier Schnitttechnik anfertigen. Dafür aus den Stoffresten unterschiedlich hohe Streifen von je 90 cm Breite ausschneiden. Zwei Streifen an einer langen Kante links auf rechts, ein Stück weit überlappend, aufeinanderlegen. Im doppelt liegenden Bereich eine Wellenlinie aufzeichnen und beide Stoffschichten entlang der Linie durchschneiden. Stoffüberstände entfernen.

6 Dann die beiden Stoffstreifen an der Wellenkante rechts auf rechts aufeinanderstecken und dabei ein Dekorationselement (Muschel, Stern) mit der offenen Kante zwischen die beiden Stoffe schieben. Die Lagen zusammensteppen, dann auffalten. Einen weiteren Stoffstreifen überlappend auf die beiden zusammengenähten Streifen legen und den Vorgang auf dieselbe Weise wiederholen.

7 Streifen zusammenfügen, sodass ein Rechteck von je 70 x 90 cm entsteht. Die Tintenfische an der gewünschten Stelle aufnähen.

8 Vorder- und Rückseite rechts auf rechts aufeinanderlegen und das Füllmaterial obenauf stecken. Die Lagen mit einer Nahtzugabe von 1 cm rundum nähen, dabei eine etwa 15 cm große Wendeöffnung lassen. Die Nahtzugaben an den Ecken zurückschneiden, die Decke auf rechts wenden und die Öffnung schließen.

Nachlicht

- aus einem Luftballon -

MATERIAL

IO Bögen Seidenpapier

I Luftballon

Tapetenkleister

2 m Band

I Lichterkette

etwas Pappe, I-2 mm stark

AUSSERDEM

Filzstift

Schere

Heißklebepistole

1 Den Luftballon aufblasen. Die Mitte mit einem Filzstift markieren.

2 Aus dem Seidenpapier etwa 2 x 6 cm große Streifen ausschneiden. Damit die Hälfte des Ballons in 4 Schichten bekleben. Das Papier 48 Stunden trocknen lassen.

3 Den Ballon vorsichtig aufstechen und die Papierkanten mit einer Schere begradigen.

4 Die Kontur der offenen Seite des Ballons zweimal auf Pappe zeichnen und ausschneiden. In eines der Pappteile so viele Löcher schneiden, wie die Lichterkette Lämpchen hat. Die Lämpchen durch die Löcher stecken.

5 Die Pappe mit der Lichterkette mit Heißkleber auf das Pappmaché kleben und mit der zweiten Pappe abdecken.

6 Ein Band unten am Nachtlicht befestigen.

CIRQUE

Zirkus für Puppen

– aus Dosen und Stoffresten –

MATERIAL

6 leere Dosen von Milchpulver oder Babybrei

I Bogen rotes, blaues und weißes Tonpapier

I Bogen goldfarbenes Papier

Bastelkleber

Stoffrest

Ungiftiges Farbspray

Holzspieß

Kordelrest

AUSSERDEM

Transparentpapier

Bleistift

Nähnadel und Nähgarn (nach Belieben)

Schere

Heißklebepistole

VORLAGEN

Siehe Seite 72–73

1 Die Dosen reinigen und mit Farbe besprühen.

2 Die Buchstaben auf das goldfarbene Papier übertragen und ausschneiden. Das Dach aus dem Tonpapier anfertigen und zusammenkleben. Buchstaben aufkleben.

3 Für den Vorhang zwei Rechtecke von je 28 x 20 cm aus dem Stoff zuschneiden. Dabei einen vorhandenen Saum im Stoff verwenden, um ihn nicht mehr nähen zu müssen. Ist das nicht möglich, an der Unterkante des Vorhangs einen Saum nähen.

4 Mit Heißkleber die Oberkante des Vorhangs an die Rückseite des Daches kleben.

5 Aus rotem Papier einen Stern und zwei Kreise ausschneiden, auf das Fähnchen kleben und dieses seitlich mit Heißkleber oben an dem Holzspieß befestigen. Das andere Ende des Spießes oben auf das Dach kleben.

6 Mit Heißkleber die Dosen in zwei Reihen zu je drei Stück aneinanderkleben. Zuletzt die Unterkante des Dachs oben an die obere Dosenreihe kleben. Aus Kordel kleine Schleifen um die Vorhänge binden, um sie offen zu halten.

Fingerpüppchen

– aus Stoffresten –

MATERIAL

Stoffreste

Nähgarn

AUSSERDEM

Transparentpapier

Bleistift

Stoffmalstifte in verschiedenen Farben

Stecknadeln

Schere

Nähmaschine

VORLAGEN

Siehe Seite 79

1 Die Vorlagen übertragen und die Teile aus Stoff ausschneiden (Ohren je 4 x). Die Details mit Stoffmalstiften aufzeichnen.

2 Ohren jeweils paarweise rechts auf rechts aufeinanderstecken. Rundum steppen, die gerade Kante als Wendeöffnung frei lassen, dann die Nahtzugaben zurückschneiden und die Ohren auf rechts wenden.

3 Rück- und Vorderseite der Püppchen jeweils rechts auf rechts zusammenstecken, dabei die Ohren dazwischen legen. Rundum feststeppen.

4 Für eine saubere Eingriffföffnung die untere Kante 5 mm nach innen einschlagen und feststeppen.

TIPP

Die Ohren sind mit der Nähmaschine nicht ganz leicht zu nähen, da die Teile sehr klein sind. Man kann sie daher auch gut von Hand nähen und den Rest mit der Maschine.

Spielzeugkiste

– aus einer Holzkiste –

MATERIAL

1 Weinkiste aus Holz

30 cm Lederband

6 Holzperlen

Ungiftiges Farbspray in Currygelb

Ungiftige Farbe in Ocker und Weiß

Filzstift in Braun und Schwarz

4 Möbel-Rollen

AUSSERDEM

Transparentpapier

Bleistift

1 Pinsel

Bohrmaschine

Kraftkleber oder Schrauben

Schraubenzieher

1 Die Kiste reinigen und von außen mit der gelben Farbe besprühen. Trocknen lassen.

2 Mit dem Bleistift außen auf die Kiste das Motiv wie auf dem Foto, oder ähnlich, aufzeichnen und den Löwenkopf dann aufmalen. Die Details von Augen, Nase und Mund mit braunem und schwarzem Filzstift aufmalen.

3 Die Position der Griffe auf beiden Seiten der Spielzeugkiste markieren: 3 cm von oben in der Mitte eine Markierung anbringen und rechts und links davon im Abstand je von 5 cm.

4 An den äußeren Markierungen Löcher in die Kiste bohren. Ein 15 cm langes Stück Lederband in ein Loch führen und das Ende im Innern der Kiste mit einem Knoten sichern. Drei Perlen auffädeln, das Band durch das andere Loch führen und wiederum innen verknoten. Auf der anderen Seite der Kiste auf dieselbe Weise einen Griff anbringen.

5 Auf der Unterseite in jeder Ecke eine Möbel-Rolle ankleben oder anschrauben.

Lätzchen

– aus Stoffresten –

MATERIAL

I Frottierhandtuch oder ähnlich saugfähiger Stoffrest

Stoffrest für die Rückseite

1,50 m Schrägband

Nähgarn

AUSSERDEM

Transparentpapier

Bleistift

Stecknadeln

Schere

Nähmaschine

Bügeleisen

VORLAGEN

Siehe Seite 69

1 Die Vorlage vergrößern, auf Transparentpapier übertragen und ausschneiden. Damit den Stoff und den Frotteestoff zuschneiden. Beide Teile des Lätzchens links auf links zusammenstecken. Rundum mit einer Nahtzugabe von 5 mm zusammenheften. Die Nahtzugabe auf 3 mm zurückschneiden.

2 Ein Stück Schrägband an einer Seite auffalten und mit der offenen Kante rechts auf rechts am Halsausschnitt an das Lätzchen stecken, bündig abschneiden und annähen. Schrägband wieder einfalten, auf die Rückseite umlegen und feststeppen.

3 Dann Schrägband mit einer aufgefalteten Kante rundum rechts auf rechts an das Lätzchen stecken, dabei zu Beginn und am Ende 30 cm für die Bindebänder überstehen lassen. Nach Belieben kann man als dekoratives Element auch ein kleines Zier-Etikett zwischen Schrägband und Stoff anbringen.

Mützchen für Neugeborene

– aus einem Pullover –

MATERIAL

Abgelegter Pullover

Nähgarn

AUSSERDEM

Transparentpapier

Bleistift

Stecknadeln

Schere

Nähmaschine

VORLAGEN

Siehe Seite 69

1 Die Vorlagen vergrößern, auf Transparentpapier übertragen und zwei Mützen- sowie vier Ohrteile ausschneiden. Vorlagen auf den Pullover stecken - am besten die Vorlage der Mütze an der Unterkante des Pullovers anlegen, damit man keinen Saum nähen muss - und ausschneiden.

2 Die Ohrteile jeweils paarweise rechts auf rechts aufeinanderlegen und bis auf die Unterkante steppen. Die Nahtzugabe zurückschneiden und die Ohren auf rechts wenden.

3 Die Mützenteile auf Höhe der Abnäher rechts auf rechts mittig falten und feststecken. Die Abnäher schließen.

4 Die Mützenteile rechts auf rechts aufeinanderlegen, die Ohren oben an den Seiten dazwischenlegen. Die Mütze rundum zusammennähen und auf rechts wenden.

Flicken

– aus Stoffresten –

MATERIAL

Stickgarn

Bügelvlies

Solufix (selbstklebendes, auswaschbares Stickvlies)

AUSSERDEM

Karopapier

Sticknadel

Stickring

Schere

Auswaschbarer Markierstift

Bügeleisen

VERWENDETE STICKSTICHE

Steppstich

Plattstich

Knötchenstich

VORLAGE

Siehe Seite 74

1 Flecken in Babykleidung kann man am besten mit hübschen Stickereien kaschieren. Wenn der Stoff dünn ist, das Motiv mithilfe einer Lichtquelle durchpausen (etwa vor einem Fenster oder einer Leuchtplatte).
Das Motiv im Plattstich und kleinere Details im Stepp- und im Knötchenstich sticken. Anschließend den Stickring abnehmen.

2 Alternativ Solufix verwenden (auswaschbares Stickvlies). Dafür ein Stück Solufix etwas größer als den Stickring ausschneiden und das Motiv darauf pausen oder mithilfe von Transparentpapier übertragen. Das Trägerpapier von der Rückseite des Solufix' entfernen, Folie auf den zu bestickenden Stoff kleben und zusammen in den Stickring spannen. Wenn die Stickarbeit beendet ist, das Solufix unter Wasser auswaschen.

3 Auch Löcher können durch Stickmotive sehr gut kaschiert werden.
Dafür ein Stück Bügelvlies, etwas größer als das Loch, ausschneiden, von hinten auf den Stoff legen und aufbügeln. Das Loch ist nun mit den Fasern des Bügelvlieses gefüllt und der es umgebende Stoff verstärkt. Jetzt das Motiv auf das Kleidungsstück übertragen und aufsticken!

Toilettentäschchen

– aus einer Decke –

MATERIAL

1 Deckenbezug für Kinder (Außenstoff)

50 x 50 cm Futterstoff

50 x 50 cm Moltonstoff

Reißverschluss, 18 cm lang

1 m Schrägband

AUSSERDEM

Stecknadeln oder Stoffklammern

Textilmarker

Lineal

Schere

Nähmaschine

Folgende Stücke zuschneiden:
Stück A: 44 x 38 cm (1 x aus Außenstoff/1 x aus Molton/1 x aus Futterstoff)
Stück B: 9 x 13 cm (2 x aus Außenstoff/2 x aus Molton/2 x aus Futterstoff)
Stück C: 2 x 4 cm aus Außenstoff

1 Die Stücke A und B absteppen: Dafür zuerst das Teil aus Molton jeweils auf das Futter legen und dann den Außenstoff, mit der rechten Seite nach oben, darauflegen.

2 Im Abstand von 3 cm die Stepplinien von oben nach unten aufzeichnen. Die Lagen mit Stecknadeln oder Stoffklammern zusammenhalten und mit einer Stichlänge von 3-3,5 auf den Markierungen steppen.

3 Die Stücke C wie ein Schrägband falten und diese beiden Rechtecke auf die Enden des Reißverschlusses nähen. Dann den Reißverschluss rechts auf rechts auf eine Längsseite von Stück A stecken und feststeppen. Die andere Seite des Reißverschlusses auf die andere Längsseite nähen, sodass ein Stoffschlauch entsteht.

4 Die Stücke B jeweils rechts auf rechts an die Seiten des Täschchens stecken, dabei mittig ausrichten und den Reißverschluss vor dem Nähen öffnen. Seitenteile einnähen. Um die Ecken schön zu formen, bis zu einer Ecke nähen, die Nadel im Stoff lassen, die Arbeit drehen und dann bis zur nächsten Ecke weiternähen.

5 Alle Nahtkanten am Reißverschluss mit einem Stück Schrägband versäubern, dann das Täschchen wenden.

Birnenkissen

– aus T-Shirts –

MATERIAL

Alte T-Shirts

Rosa und schwarze Bügelfolie

Passendes Nähgarn

Füllwatte

Moltonstoff

AUSSERDEM

Transparentpapier

Bleistift

Stecknadeln

Schere

Nähmaschine

Bügeleisen

VORLAGEN

Siehe Seite 78

1 Die Vorlagen vergrößern, auf Transparentpapier übertragen und die Teile ausschneiden. Aus alten T-Shirts 2 x die Birne und das Blatt sowie aus Molton 1 x das Blatt ausschneiden. Für den Stiel 2 Stücke von ca. 5 x 12 cm schneiden.

2 Die beiden Blätter aus T-Shirt-Stoff rechts auf rechts aufeinanderlegen, das Blatt aus Molton darauflegen und feststecken. Rundum feststeppen, dabei unten eine Wendeöffnung lassen. Die Nahtzugaben zurückschneiden. Das Blatt auf rechts wenden und die Öffnung schließen. Anschließend die mittlere und die seitlichen Blattadern aufsteppen.

3 Die beiden Stiele rechts auf rechts aufeinanderlegen. Rundum zusammennähen und dabei eine Wendeöffnung lassen. Auf rechts wenden, dabei falls nötig ein Stäbchen oder eine Stricknadel zu Hilfe nehmen. Die Öffnung schließen.

4 Aus den Bügelfolien zwei Kreise und drei Bögen wie auf dem Foto, oder ähnlich, ausschneiden. Diese auf das vordere Birnenteil legen und aufbügeln.

5 Die beiden Kissenseiten rechts auf rechts aufeinanderstecken und dabei das Blatt und den Stiel oben zwischen die beiden Lagen legen. Alles rundum mit einer Nahtzugabe von 1 cm feststeppen, dabei unten eine etwa 10 cm große Wendeöffnung lassen. Die Nahtzugaben zurückschneiden, das Kissen auf rechts wenden und ausstopfen. Die Öffnung von Hand schließen.

PLAINE DE LA SAÔNE ET DU

Kleine Gefäße

– aus leeren Dosen –

MATERIAL

Leere Milchpulverdosen

Kordel

Rohrgeflecht

Ungiftige Farbe der Wahl

AUSSERDEM

1 Borstenpinsel

Schere

Heißklebepistole

1 Die Milchdosen reinigen und innen anmalen.

2 Für jede Dose ein Rechteck aus Rohrgeflecht zurechtschneiden, das so hoch wie die Dose und so lang wie ihr Umfang ist. Das geht leichter, wenn man das Geflecht zuvor anfeuchtet.

3 Das Geflecht dann mit Heißkleber auf die Dosen kleben. Zum Schluss für einen schöneren Abschluss oben und unten zwei bis drei Reihen Kordel aufkleben.

Waschlappen

– aus Stoffresten –

MATERIAL

Stoffreste

Reste von Frotteestoff oder Waschlappen

Nähgarn

AUSSERDEM

Schere

Nähmaschine

1 Für einen kleinen Waschlappen aus dem Stoff und aus dem Frottee je ein Rechteck von 16 x 12 cm ausschneiden, für einen großen Waschlappen je 19 x 16 cm.

2 Die Rechtecke gleicher Größe rechts auf rechts zusammenstecken und mit einer Nahtzugabe von 1 cm rundum steppen, dabei eine Wendeöffnung lassen. Die Nahtzugaben auf 5 mm kürzen, an den Ecken schräg zurückschneiden. Waschlappen auf rechts wenden und die Ecken ausformen.
Die Öffnung schließen.

Tawashi-Wolke

- aus einem T-Shirt -

MATERIAL

1 altes T-Shirt

Lederband, 12 cm lang und 2 cm breit (z. B. von einer alten Handtasche)

1 Druckknopf

AUSSERDEM

Schere

1 Paar Stricknadeln, Nr. 5

Maschenhalter

Wollnadel

VERWENDETE MASCHEN

Rechte Masche

Linke Masche

Für das „Garn" das T-Shirt in etwa 3 cm breite, möglichst lang durchgehende Streifen schneiden.

15 Maschen anschlagen.
Reihe 1 : 14 Maschen rechts, 1 Zunahme, 1 Masche rechts.
Reihe 2 : 16 Maschen rechts.
Reihe 3 : 2 Maschen zusammenstricken, 13 Maschen rechts, 1 Zunahme, 1 Masche rechts.
Reihe 4 : 16 Maschen rechts.
Reihe 5 : 2 Maschen rechts zusammenstricken, 14 Maschen rechts.
Reihe 6 : 15 Maschen rechts.
Reihe 7 : 13 Maschen rechts, 2 Maschen rechts zusammenstricken.
Reihe 8 : 14 Maschen rechts.
Reihe 9 : Maschen rechts zusammenstricken, 4 Maschen rechts, 2 Maschen rechts zusammenstricken. Die folgenden 6 Maschen auf einem Maschenhalter stilllegen.

Über die linke Seite weiterarbeiten.
Reihe 10 : 6 Maschen rechts.
Reihe 11 : 2 Maschen rechts zusammenstricken, 2 Maschen rechts, 2 Maschen rechts zusammenstricken.
Reihe 12 : 4 Maschen rechts.
Reihe 13 : Die Maschen abketten und den Faden abschneiden.
Die 6 stillgelegten Maschen der rechten Seite aufnehmen.
Reihe 10 : 6 Maschen rechts.
Reihe 11 : 2 Maschen rechts zusammenstricken, 2 Maschen rechts, 2 Maschen rechts zusammenstricken.
Reihe 12 : 4 Maschen rechts.
Reihe 13 : Die Maschen abketten und den Faden abschneiden.

Die Fadenenden vernähen.

Das Lederband durch eine Randmasche der Wolke ziehen, mittig legen und zum Verschließen einen Druckknopf anbringen.

Traum-Regal

– aus einer Holzkiste –

MATERIAL

I Holzkiste

Ungiftige Farbe

I Stück Balsaholz

2 Wandhaken

Kleine Nägel

AUSSERDEM

Transparentpapier

Bleistift

Borstenpinsel

Cuttermesser

Heißklebepistole

Hammer

VORLAGEN

Siehe Seite 79

1 Die Vorlagen auf Transparentpapier übertragen. Die Motive auf das Balsaholz übertragen und mit dem Cuttermesser ausschneiden.

2 Die Kiste reinigen und von außen und innen anmalen. Die Motive mit dem Heißkleber daraufkleben.

3 Die Wandhaken auf der Rückseite mit Nägeln anbringen.

Le livre des bruits
Le livre des j'aime
Mes chansons de France

Bonjour
Beauté

Große Tasche

– aus einem Badehandtuch –

MATERIAL

1 altes Handtuch mit Waffeloptik für die Außenseite

1 altes Laken für das Futter

Moltonstoff

3,60 m festes Gurtband aus Baumwolle, 3 cm breit

2 Halbringe, 3 cm breit

2 Halbringe mit Karabiner, 3 cm breit

AUSSERDEM

Auswaschbarer Markierstift oder Schneiderkreide

Stecknadeln oder Stoffklammern

Schere

Lineal

Nähmaschine

Folgende Teile zurechtschneiden:
Vorder- und Rückseite: 40 x 50 cm (2 x aus Futterstoff, 2 x aus Außenstoff, 2 x aus Molton)
Seiten: 19 x 50 cm (2 x aus Futterstoff, 2 x aus Außenstoff, 2 x aus Molton)
Boden: 40 x 19 cm (1 x aus Futterstoff, 1 x aus Außenstoff, 1 x aus Molton)
Außentasche: 23 x 23 cm (1 x aus Futterstoff, 1 x aus Außenstoff, 1 x aus Molton)

1 Auf den Teilen aus Futterstoff jeweils längs verlaufene Linien im Abstand von 3 cm aufzeichnen. Die Teile aus Futterstoff jeweils auf die aus Molton stecken und auf den eingezeichneten Linien absteppen.

2 Die gesteppten Futterteile von Rück- und Vorderseite sowie von der Außentasche jeweils rechts auf rechts auf die Teile aus Außenstoff stecken und an der Oberkante feststeppen. Ebenso für die Seiten verfahren, dabei aber ein 8 cm langes Stück Gurtband mittig zwischen die Stoffteile legen.
Zuvor das Gurtband doppelt legen und einen Halbring daran anbringen.
Die Teile auf rechts wenden.

3 Taschenvorderseite auffalten. Die Außentasche mittig auf die Vorderseite stecken, dabei die Unterkanten bündig legen. Unten mit einer Nahtzugabe von 5 mm festnähen. Ein 1,20 m langes Stück Gurtband (NUR auf der Taschenaußenseite) so über die seitlichen Kanten der Außentasche legen, dass es den Griff bildet. Feststecken. Das Band auf beiden Seiten rechts und links der Außentasche, bis knapp vor die obere Kante der Vorderseite, feststeppen. Auf dieselbe Weise ein Gurtband auf die Rückseite der Tasche stecken und annähen.

4 Die Seitenteile, aufgefaltet, jeweils rechts auf rechts an die langen Kanten der ebenfalls aufgefalteten Vorderseite stecken und über die ganze Höhe mit einer Nahtzugabe von 5 mm feststeppen. Die Nahtzugaben auf 2 mm zurückschneiden und die Teile links auf links zusammenstecken, sodass die Nähte innen liegen. Die Kanten auf der ganzen Länge möglichst knappkantig absteppen. Die Rückseite auf dieselbe Weise annähen. Futtertasche links auf links in die Außentasche falten, untere Kanten 5 mm breit aufeinander heften. Die Bodenteile links auf links legen und rundum 5 mm breit zusammennähen. Den Boden am unteren Rand des Taschenkörpers rechts auf rechts einstecken und mit einer Nahtzugabe von 5 mm feststeppen. Nahtzugaben versäubern.

5 Um die Tasche über der Schulter tragen oder an einen Kinderwagen hängen zu können, auf beiden Seiten einen Halbring mit Karabiner an einem 90 cm langen Stück Gurtband befestigen. Dafür den Ring in das Bandende führen, dieses zweimal 3 cm breit einschlagen und den Umschlag mit einem durchkreuzten Rechteck fixieren.

TIPP

Du kannst auch ein kleines, personalisiertes Etikett mittig über der Außentasche auf die Tasche nähen.

LINIMENT
GEL DOUCHE

Babysalbe

– aus Pflegeprodukten –

INHALTSSTOFFE

250 g abgekochtes Leitungswasser

250 g Olivenöl

12 g Bienenwachs (Pastillen oder am Stück)

AUSSERDEM

1 Pumpzerstäuber

Waage

Schale

Kochtopf

Spatel oder Löffel

Schneebesen oder Stabmixer

1 Das Bienenwachs mit dem Olivenöl in eine Schale geben und im Wasserbad erwärmen, dabei mit einem Spatel oder Löffel rühren.

2 Wenn das Wachs vollständig geschmolzen ist, nach und nach das abgekochte Wasser dazugießen und mit einem Schneebesen oder Stabmixer vermischen. So lange rühren, bis die Masse weißlich, glatt und dick ist.

3 Dann in einen Pumpzerstäuber füllen. Die Babysalbe hält sich drei Monate.

Beißring

– aus Stoffresten –

MATERIAL

Stoffreste

Ring aus unbehandeltem Holz

Druckknopf

Moltonstoff

Füllwatte (optional)

Nähgarn

AUSSERDEM

Transparentpapier

Textilstift

Holzstäbchen

Nähmaschine

VORLAGEN

Siehe Seite 77

1 Für den Beißring die Vorlagen für die Blätter und die Karotte oder Zitrone auf Transparentpapier und dann auf die Stoffreste übertragen. Pro Blatt die Vorlage 2 x aus Stoff und 1 x aus Moltonstoff zuschneiden.
Die Karotte 2 x, die Zitronenhälfte 2 x und 2 x seitengespiegelt zuschneiden.

2 Pro Blatt die Stoffteile rechts auf rechts aufeinanderlegen und das Teil aus Molton obenauf stecken. Rundum feststeppen, dabei eine Öffnung lassen.
Die Nahtzugaben auf 3 mm kürzen und an den Rundungen einschneiden.
Das Teil auf rechts wenden und die Rundungen mit einem Holzstäbchen ausformen. Die Öffnung schließen.

3 Für den Anhänger ein 8 x 3,5 cm großes Rechteck aus dem Stoff ausschneiden. Rechts auf rechts mittig der Länge nach falten und an der offenen Längsseite und einer kurzen Seite knappkantig absteppen. Die Nahtzugabe zurückschneiden und das Teil auf rechts wenden. Den Streifen so falten, dass die untere Hälfte etwas länger ist, und den Druckknopf anbringen.
Darauf achten, dass der Beißring in die dadurch entstehende Schlaufe passt.

4 Für die Karotte jeweils die Kanten der Abnäher rechts auf rechts stecken und steppen. Für die Wachstumslinien das Teil rechts auf rechts falten und eine 1 mm breit Biese absteppen. Für die Zitrone je zwei Hälften paarweise an der langen Kante rechts auf rechts zusammennähen.

5 Dann die Teile/Hälften rechts auf rechts aufeinanderlegen und rundum steppen, dabei oben eine Wendeöffnung lassen. Die Nahtzugaben auf 3 mm kürzen. Das Teil auf rechts wenden und die Ecken mit einem Holzstäbchen ausformen. Locker mit kleinen Stoffschnipseln oder etwas Füllwatte stopfen.

6 Den Stoff an der offenen Oberkante um 1 cm nach innen einschlagen.
Die Unterkante der Blätter und das längere Ende des Anhängers hineinschieben. Mit einer Nahtzugabe von 3 mm durch alle Lagen steppen.

Schlafsack

– aus Stoffresten –

MATERIAL

Stoffreste oder altes Moltontuch

Passendes Nähgarn

Reißverschluss, 60 cm lang

2 große Knöpfe

AUSSERDEM

Transparentpapier

Bleistift

Stecknadeln

Nähnadel

Schere

Nähmaschine

Bügeleisen

VORLAGEN

Siehe Seite 70–71

1 Die Vorlagen vergrößern, auf Transparentpapier übertragen und ausschneiden. Das Vorderteil je 1 x aus Außenstoff, aus Futter und aus Moltonstoff ausschneiden. Dasselbe für das Rückenteil wiederholen. Dann aus dem Außen- und dem Futterstoff je 1 Blende für den Reißverschluss zuschneiden. Um auch kleinere Stoffreste aufzubrauchen, kann man sie wie bei einer Patchworkarbeit zusammensetzen.

2 Das Moltonteil auf die linke Seite des Außenstoffs vom Vorderteil stecken. Rundum absteppen und so die beiden Lagen verbinden. Auf dieselbe Weise den Außenstoff und das entsprechenden Moltonteil für das Rückenteil zusammenfügen.

3 Außenstoff und Futter für die Reißverschlussblende rechts auf rechts stecken und entlang der gerundeten Kante zusammensteppen. Die Nahtzugabe einschneiden und die Blende auf rechts wenden. Die Blende mit der offenen Seite von rechts und Kante auf Kante ab Armausschnitt 8 cm weit auf das Vorderteil stecken - die obere gerundete Kante der Blende ragt über den Armausschnitt hinaus. Nun das obere Ende des Reißverschlusses 1 cm unterhalb des Armausschnitts rechts auf rechts auf Vorderteil und Blende feststecken. Das oben überstehende Stück der Blende über den Reißverschluss falten, sodass dieser etwa 3 cm bedeckt wird. Gut feststecken. Das restliche Stück des Reißverschlusses bis zum unteren Passzeichen rechts auf rechts und Kante auf Kante auf das Vorderteil stecken. Mit einer Nahtzugabe von 1 cm die gesamte Strecke feststeppen. Das Futter rechts auf rechts auf die Vorderseite stecken und entlang der bereits angenähten Strecke von Blende/Reißverschluss feststeppen.

4 Dann den Außenstoff des Rückenteils rechts auf rechts und Kante an Kante auf die andere Reißverschlusshälfte legen, dabei beginnen die Reißverschlusszähne 1 cm unterhalb des Armausschnitts. Das Futter für das Rückenteil rechts auf rechts auf dieselbe Weise daraufstecken. Entlang der Reißverschlusskante feststeppen.

5 Die Ausschnittkanten von Außenstoff und Futter beim Vorderteil und beim Rückenteil mit einer Nahtzugabe von 1 cm rechts auf rechts zusammensteppen. Die Nahtzugaben einschneiden. Rücken- und Vorderteil auf rechts wenden.

6 Den Schlafsack auf links wenden. Den Stoff für die Außenseite des Rückenteils und des Vorderteils rechts auf rechts zusammenstecken. Auf dieselbe Weise die Futterstoffe aneinanderstecken. Dann mit einer Nahtzugabe von 1 cm steppen, dabei eine etwa 15 cm breite Öffnung unten im Futter lassen. Den Schlafsack durch die Öffnung auf rechts wenden und diese von Hand schließen.

7 Am Rückenteil, an beiden Trägern, etwa 2 cm von der Kante entfernt je ein Knopfloch einarbeiten. Die Knöpfe passend dazu auf die Träger des Vorderteils nähen.

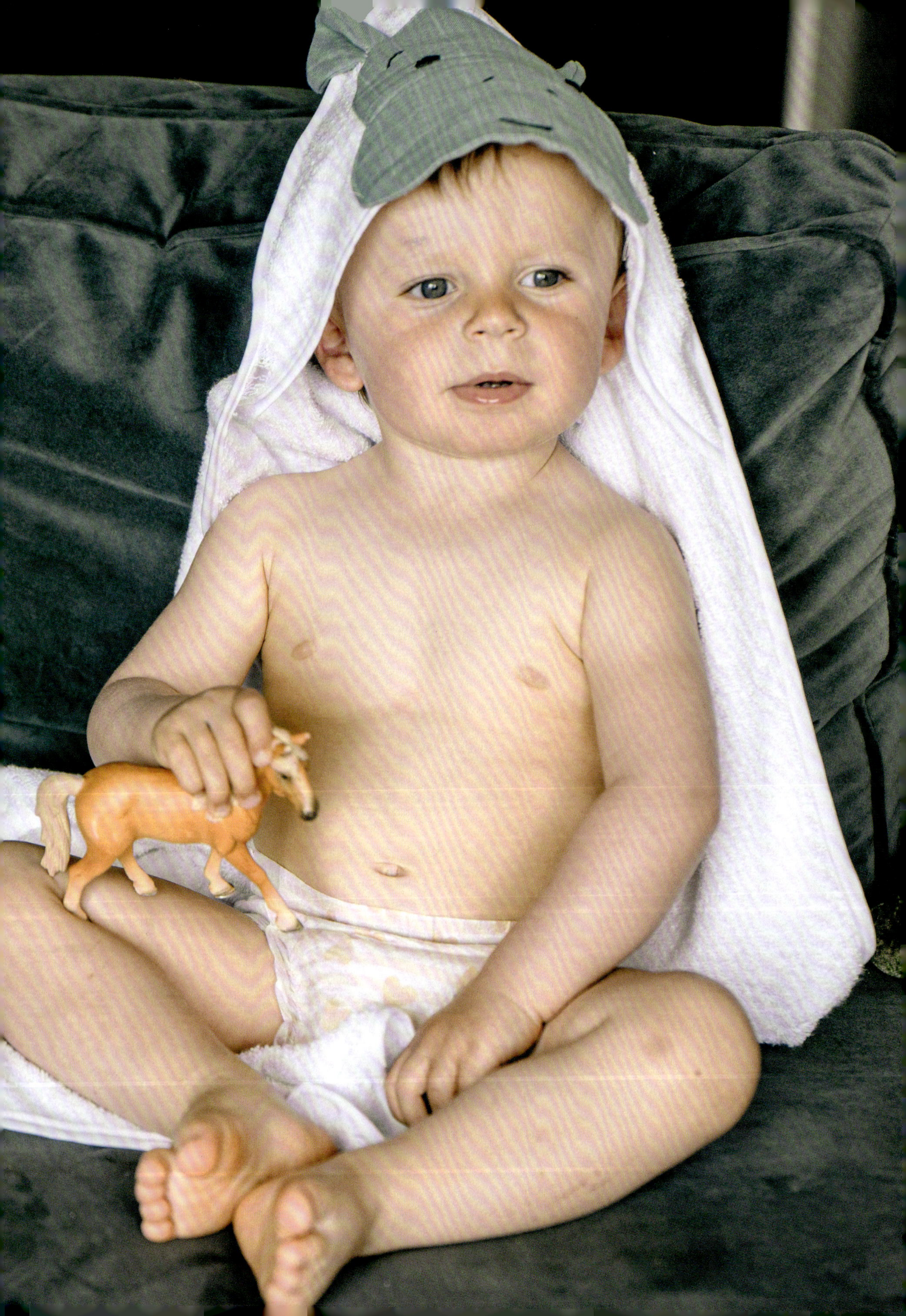

Badetuch

– aus einem Handtuch –

MATERIAL

I großes Frotteehandtuch
Stoffreste
Passendes Nähgarn
I Strang graues Stickgarn
4,50 m Schrägband

AUSSERDEM

Karopapier
Bleistift
Textilmarker
Stecknadeln
Sticknadel
Schere
Lineal
I Schale
Nähmaschine
Bügeleisen

VERWENDETE STICKSTICHE

Plattstich
Steppstich

VORLAGEN

Siehe Seite 74

1 Aus dem Frotteestoff ein Quadrat mit I m Seitenlänge sowie ein gleichschenkeliges Dreieck mit 30 cm langen Schenkeln und einer Basis von 42,5 cm Länge zuschneiden. Die Ecken am Quadrat und oben am Dreieck mithilfe einer Schale abrunden und zuschneiden. Für die Ohren vier Quadrate 10 x 10 cm zuschneiden.

2 Die Vorlagen auf Transparentpapier übertragen und die Teile je 2 x aus Stoffresten ausschneiden Das Gesicht mit einem auswaschbaren Stift aufzeichnen. Die Augen, die Augenbrauen und die Nüstern im Plattstich, den Mund im Steppstich aufsticken. Ober- und Unterteil der Kopfvorderseite rechts auf rechts aufeinanderlegen und zusammennähen. Auf dieselbe Weise die Rückseite des Kopfes zusammenfügen. Zwei Quadrate für ein Ohr rechts auf rechts aufeinanderlegen und mit einer Nahtzugabe von 5 mm feststeppen, dabei die Unterkante offen lassen. Die Nahtzugaben an den Ecken abschrägen und das Ohr auf rechts wenden. Das zweite Ohr auf dieselbe Weise anfertigen. Kleine Falten an der Unterkante der Ohren einlegen, dabei darauf achten, dass sie spiegelbildlich zueinander sind. Mit einer Nahtzugabe von 5 mm fixieren.

3 Vorder- und Rückseite des Kopfes rechts auf rechts aufeinanderlegen und dabei die Ohren im oberen Bereich Kante auf Kante zwischen die Lagen legen. Darauf achten, dass sie gleichmäßig ausgerichtet sind. Mit einer Nahtzugabe von I cm feststeppen, dabei eine Öffnung lassen. Die Nahtzugaben einschneiden und den Kopf auf rechts wenden. Die Öffnung schließen und den Kopf bügeln.

4 Ein Schrägband an die Basis des Dreiecks aus Frotteestoff steppen.
Den Pferdekopf mittig auf das Dreieck stecken, dabei an der Basiskante etwas überstehen lassen. Den Kopf knappkantig aufnähen. Die Kapuze an eine Ecke des Quadrats links auf links feststecken und -steppen. Schrägband, mit einer aufgefalteten Kante, auf der linken Stoffseite rundum an die Kante des Quadrats aus Frottee stecken, dabei an den Rundungen etwas dehnen, damit es sich nach dem Einfalten schön legt. Feststeppen. Dann das Schrägband wieder einfalten, auf die rechte Seite des Frotteestoffs umlegen und dort ebenfalls feststeppen.

Schmusetuch

– aus Stoff- und Bandresten –

MATERIAL

Stoffreste

Bandreste

Füllmaterial

Passendes Stickgarn

AUSSERDEM

Bleistift

Stecknadeln

Sticknadel

Schere

Nähmaschine

VERWENDETE STICKSTICHE

Plattstich

Stielstich

1 Für den Körper ein Rechteck von 30 x 30 cm und für den Kopf zwei Kreise von 8 cm Durchmesser aus Stoff ausschneiden. Zwei 2 cm lange und 1 cm breite Abnäher, in der Längsmitte und gegenüberliegend, auf den Kreisen einzeichnen.

2 Die Kanten der Abnäher jeweils rechts auf rechts zusammenstecken und -steppen. Etwa 30 Bandstücke mit je 6 cm Länge zuschneiden.

3 Die Bandstücke mit einer kurzen Kante von rechts und Kante auf Kante rundum auf ein Kopfteil stecken, dabei ein Stück für den Hals frei lassen. Das zweite Kopfteil rechts auf rechts auflegen und mit einer Nahtzugabe von 5 mm feststeppen, jedoch am Hals eine Öffnung lassen. Die Nahtzugabe einschneiden, den Kopf wenden und ausstopfen. Die Augen und die Nase im Plattstich, die Schnauze im Stielstich aufsticken.

4 Das Stoffrechteck rundum mit einem Saum versehen. Die Mitte dieses Rechtecks in die Kopföffnung schieben und mit festen Stichen annähen, sodass zugleich die Öffnung geschlossen und Kopf und Tuch zusammengefügt werden.

Spieluhr

– aus T-Shirts –

MATERIAL

Stoffreste oder alte T-Shirts

Füllmaterial

1 Spieluhr

AUSSERDEM

Transparentpapier

Bleistift

Nähnadel

Schere

Nähmaschine

Bügeleisen

VORLAGEN
Siehe Seite 76

1 Die Vorlagen auf Transparentpapier übertragen und die Teile ausschneiden. Alle Teile 2 x aus Stoff zuschneiden. Das vordere mittlere Teil des Regenbogens und den nachfolgenden größeren Bogen rechts auf rechts zusammenstecken. Feststeppen, die Nahtzugabe einschneiden und die Arbeit bügeln. Die beiden nächsten Bögen auf dieselbe Weise anfügen. Die Rückseite ebenso nähen.

2 Drei 20 cm lange und 2 cm breite Streifen aus Stoffresten oder alten T-Shirts zuschneiden und miteinander verflechten.

3 Vorder- und Rückseite des Regenbogens rechts auf rechts zusammenstecken und dabei den geflochtenen Streifen oben mittig zwischenfassen.
Rundum feststeppen, jedoch an der unteren Kante in der Mitte eine etwa 10 cm breite Öffnung lassen. Die Nahtzugaben einschneiden und die Arbeit auf rechts wenden. Die Spieluhr am inneren Ende des geflochtenen Streifens befestigen und die Aufziehschnur durch die Wendeöffnung nach außen führen.
Den Regenbogen fest ausstopfen, dabei das Füllmaterial in kleinen Stücken nach und nach hineinstecken. Die Öffnung von Hand schließen.

Rucksack

– aus einem alten Jutebeutel –

MATERIAL

1 Jutebeutel

Dunkle und helle Stoffreste

Wollreste

2,2 m Baumwollkordel

2 Ösen von je 2 cm Ø

AUSSERDEM

Transparentpapier

Textilmarker

Holzstäbchen

Stecknadeln

Sicherheitsnadel

Ösenwerkzeug

Schere

Nähmaschine

VORLAGEN

Siehe Seite 68

1 Den Jutebeutel, mit der Vorderseite nach oben, auf die Arbeitsfläche legen und parallel zur Unterkante in 30 cm Höhe eine Linie aufzeichnen (falls ein Motiv auf dem Jutebeutel ist, die Höhe entsprechend anpassen). Den Beutel an der eingezeichneten Linie durchschneiden.

2 Die Vorlage für die Ohren zunächst auf Transparentpapier, dann 2 x für die Außenseite und 2 x für die Innenseite auf Stoff übertragen.
Die Teile ausschneiden und Außen- und Innenseiten jeweils rechts auf rechts aufeinanderlegen. Mit einer Nahtzugabe von 1 cm die seitlichen Kanten steppen, die gerade Kante jeweils offen lassen. Die Nahtzugaben auf 3 mm kürzen und die Ohren auf rechts wenden. Mithilfe eines Holzstäbchens schön ausformen. Die Ohren, mit der offenen Kante mit einem Abstand von 8 cm zur Mitte, an die Oberkante der Beutelvorderseite stecken.

3 Aus dem Stoff, der für die Außenseiten der Ohren verwendet wurde, zwei Streifen in der Breite des Beutels + 2 cm und mit einer Höhe von 16 cm zuschneiden. Streifen rechts auf rechts stecken und mit einer Nahtzugabe von 1 cm die Seiten zusammensteppen, dabei aber jeweils die ersten 5 cm offen lassen.

4 Den entstandenen Ring, mit der durchgehend geschlossenen Kante, rechts auf rechts rundum an die Oberkante des Beutelteils stecken - die seitlichen Nähte treffen aufeinander, die Ohren liegen zwischen den Lagen. Rundum mit einer Nahtzugabe von 1 cm feststeppen.

5 Ring hochfalten und für den Kordeltunnel die Oberkanten einmal 1 cm, dann noch einmal 4 cm nach innen einschlagen und feststecken. Den Umschlag an der unteren Kante knappkantig aufsteppen, die obere Kante im Abstand von 8 mm zur Bruchkante absteppen.

6 Die Ösen an der unteren Kante mit 2 cm Abstand zu den Ecken durch beide Stofflagen hindurch anbringen.

7 Die Kordel halbieren. Eine Kordelhälfte mittig falten und die Schlaufe durch eine Öse führen. Dann die Kordelenden durch die Schlaufe ziehen, sodass sie am Beutel befestigt ist. Mithilfe einer Sicherheitsnadel ein Kordelende durch den Tunnel der Vorderseite ziehen, das andere durch den Tunnel der Rückseite. Die Enden dann miteinander verknoten.

8 Dasselbe mit der zweiten Kordelhälfte von der anderen Seite aus wiederholen.

9 Aus Wollresten einen Pompon anfertigen und 5 cm oberhalb der Unterkante des Beutels mittig aufnähen.

CYRILLUS

Mobile

– aus Stoffresten –

MATERIAL

Stoffreste in Weiß, Rosa und mit Pailletten

Füllwatte

6 kleine Pompons

Dunkelgraues und weißes Stickgarn

1 Mobile-Aufhängung

AUSSERDEM

Transparentpapier

Bleistift

Textilmarker

Schere

Nähnadel

Sticknadel

Nähmaschine

VERWENDETE STICKSTICHE

Steppstich

Knötchenstich

VORLAGEN

Siehe Seiten 74 und 77

1 Die Vorlagen auf Transparentpapier übertragen und die Teile ausschneiden. Pro Anhänger die Teile 2 x auf Stoff übertragen und ausschneiden. Zwei Vogelkörper rechts auf rechts zusammenstecken und rundum mit 5 mm Nahtzugabe feststeppen, dabei oben eine 3 cm große Öffnung lassen. Die Nahtzugaben einschneiden und den Körper auf rechts wenden. Vogel ausstopfen und die Öffnung von Hand schließen. Die Federn auf den großen Flügeln mit Steppstich sticken. Je einen kleinen Flügel, mit der geraden Kante bündig, auf einen großen Flügel legen, dann die doppelt liegenden Flügel von Hand an die Körperseiten nähen. Die Augen mit dunkelgrauem Stickgarn mit dem Knötchenstich aufsticken.

2 Die beiden Teile des Mondes rechts auf rechts zusammenstecken. Mit einer Nahtzugabe von 5 mm feststeppen, dabei eine Öffnung von 5 cm lassen. Die Nahtzugaben einschneiden und den Mond auf rechts wenden. Die Ecken, falls nötig, mithilfe eines Holzstäbchens ausformen. Den Mond fest ausstopfen und die Öffnung von Hand schließen. Die Sterne auf dieselbe Weise zusammensetzen, aber nur ganz leicht ausstopfen.

3 An die einzelnen Motive einen Faden aus weißem Stickgarn nähen, Pompons nach Wunsch auffädeln und das Fadenende an der Mobile-Aufhängung befestigen.

TIPP

Anstelle einer Mobile-Aufhängung kann man auch einen Stickring verwenden.

PUNCHNEEDLE-STICKEN

DEN STICKRING BESPANNEN

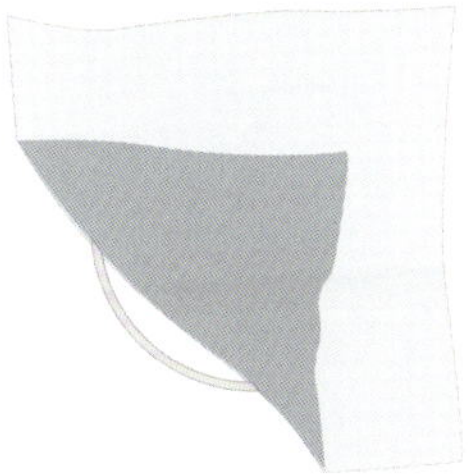

1. Die Schrauben am Stickring lösen. Außenring abnehmen. Den Stoff mittig auf den Innenring legen.

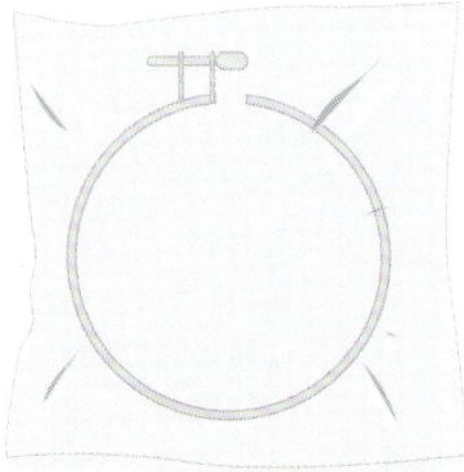

2. Den Außenring darauflegen und die Schraube langsam wieder anziehen.

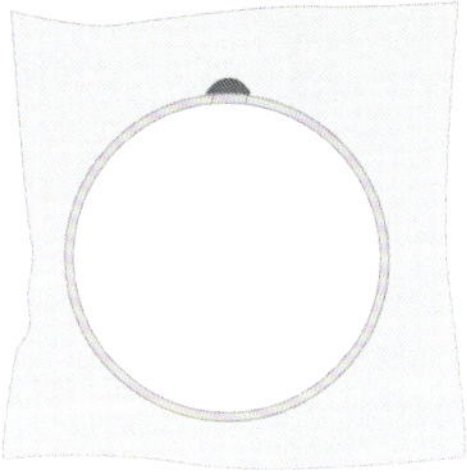

3. Die Schraube festziehen, dabei den Stoff schön straffen.

MOTIV ÜBERTRAGEN

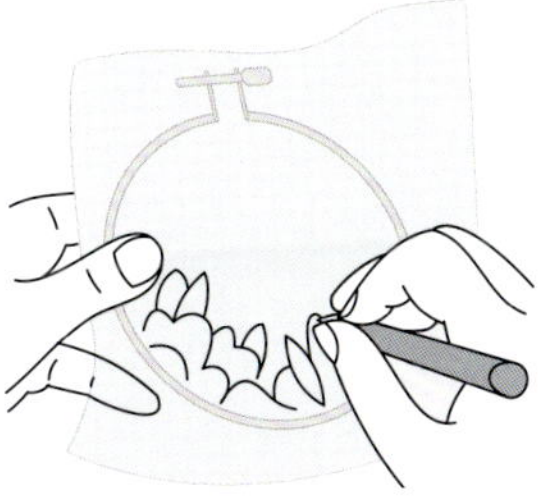

Das Motiv übertragen und von hinten auf den Stoff in den Stickring legen. Den Stickring gegen eine Lichtquelle, zum Beispiel gegen eine Fensterscheibe, halten und das Motiv mit einem speziellen Textilmarker oder Bleistift auf den Stoff zeichnen.

FLACHER STICKSTICH

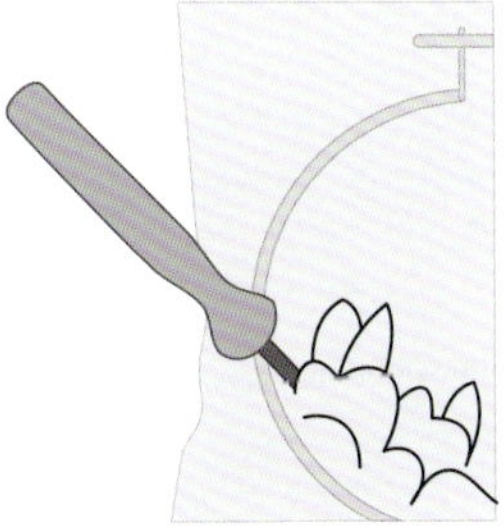

1. Die Nadel bis zum Anschlag in den Stoff stechen und kurz über der Stoffoberfläche wieder herausführen. Kleine, regelmäßige, etwa 3 mm große Stiche auf den eingezeichneten Linien ausführen.

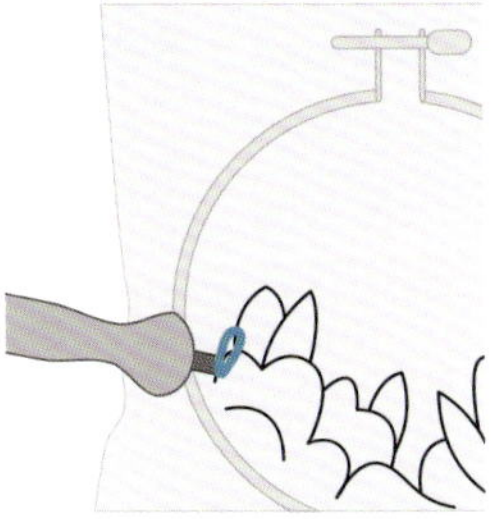

2. Anschließend das Motiv ausfüllen und dafür so dicht wie möglich entlang der ausgeführten Reihe weitere Reihen versetzt sticken, dabei von außen nach innen arbeiten.

SCHLINGENSTICH

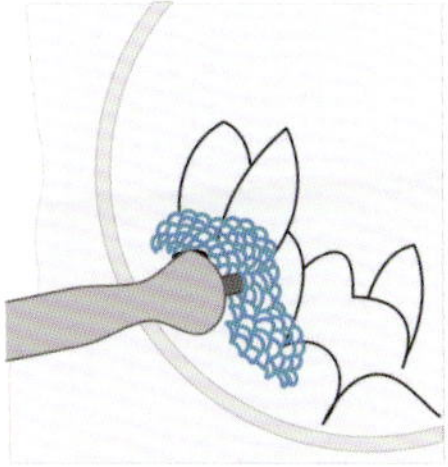

1. Das Motiv von der Rückseite mit dem flachen Stickstich ausfüllen, dabei möglichst dicht an der eingezeichneten Linie beginnen. Den Stickring regelmäßig umdrehen und überprüfen, ob die Schlingen gleichmäßig werden.

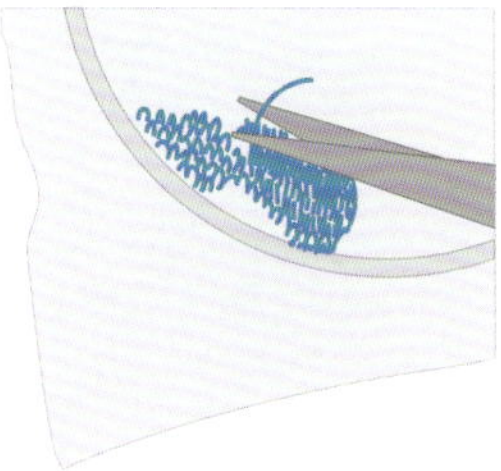

2. Zum Schluss den Stickring wenden und den Faden auf der rechten Seite der Arbeit abschneiden.

STICKSTICHE

STEPPSTICH

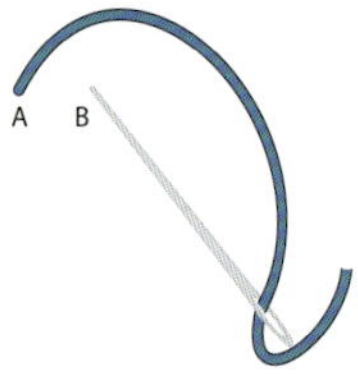

1. Mit der Nadel an der eingezeichneten Stelle am Punkt A auf der rechten Stoffseite ausstechen und ein paar Millimeter rechts davon an Punkt B wieder einstechen, sodass eine gerade Linie entsteht.

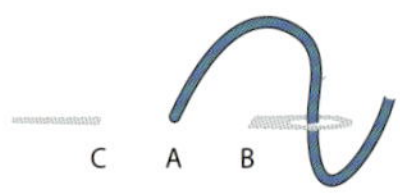

2. Dann ein paar Millimeter links von Punkt A an Punkt C wieder ausstechen. Die Nadel vorsichtig durch den Stoff ziehen.

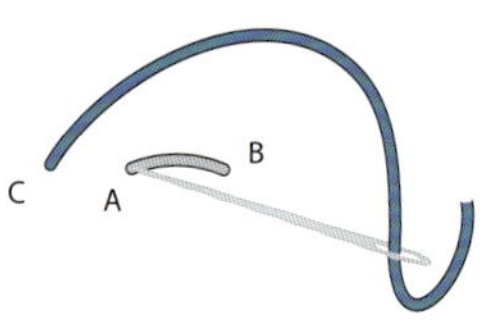

3. An Punkt A wieder einstechen. Der Steppstich ist nun fertig.

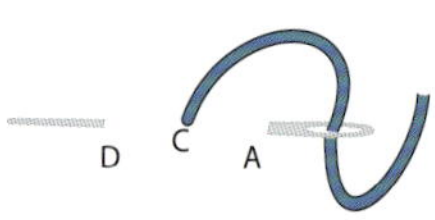

4. Die Nadel ein paar Millimeter links von Punkt C an Punkt D wieder ausstechen und vorsichtig durchziehen. Die Schritte 3 und 4 wiederholen und so weitere Steppstiche sticken.

STIELSTICH

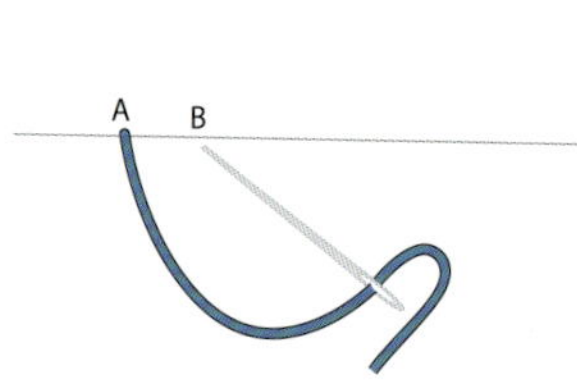

1. Der Stielstich wird waagerecht von links nach rechts gestickt. Mit der Nadel an Punkt A auf der eingezeichneten Stelle ausstechen und ein paar Millimeter rechts davon an Punkt B einstechen.

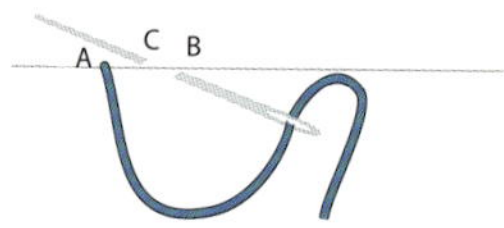

2. Mit der Nadelspitze an Punkt C, mittig zwischen Punkt A und B, minimal oberhalb der eingezeichneten Linie wieder ausstechen. Den Faden dabei nach unten legen und anziehen.

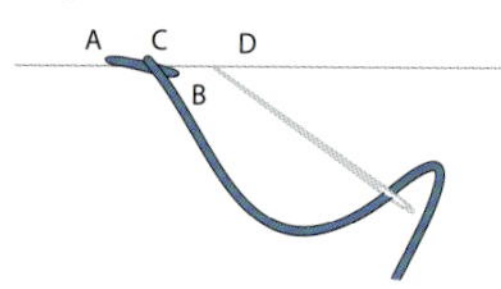

3. Für den nächsten Stich auf der eingezeichneten Linie an Punkt D einstechen.

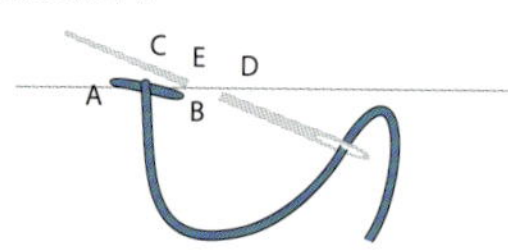

4. Mit der Nadelspitze an Punkt E wieder ausstechen, mittig zwischen Punkt C und D.

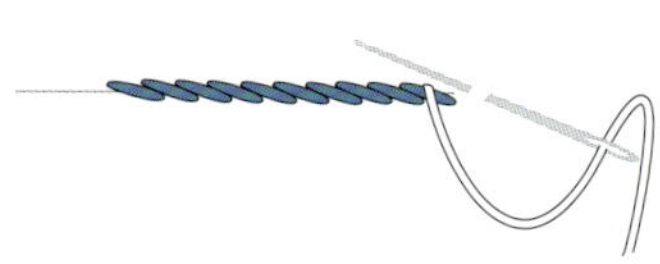

5. Schritte 3 und 4 ständig wiederholen.

KNÖTCHENSTICH

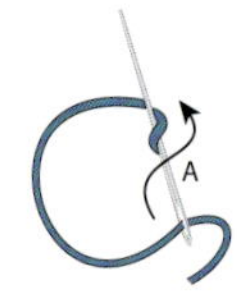

1. Mit der Nadel an Punkt A ausstechen. Den Faden gegen den Uhrzeigersinn um die Nadel wickeln, sodass eine Schlaufe entsteht.

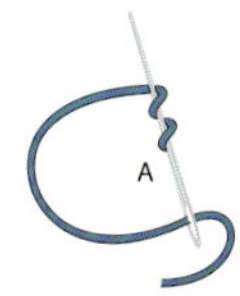

2. Den Faden ein zweites Mal um die Nadel wickeln und damit an Punkt B, direkt neben A, einstechen.

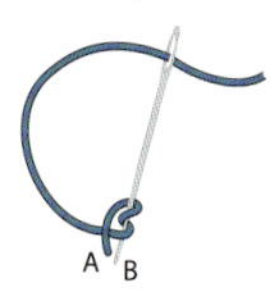

3. Den Faden anziehen, sodass sich auf dem Stoff eine Schlaufe bildet.

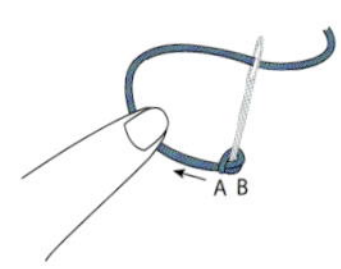

4. Die Nadel durch den Stoff stechen und den Faden vorsichtig durchziehen.

STICKSTICHE

PLATTSTICH

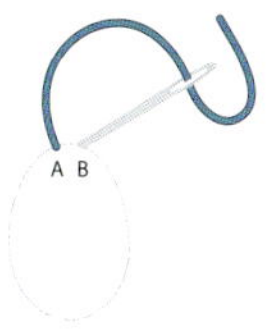

1. Mit der Nadel an Punkt A ausstechen und ein paar Millimeter rechts davon an Punkt B einstechen.

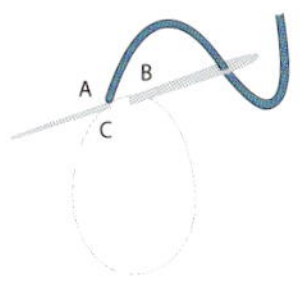

2. Auf der eingezeichneten Linie an Punkt C knapp unter Punkt A wieder ausstechen. Den Faden durchziehen, sodass sich der I. waagerechte Stich bildet.

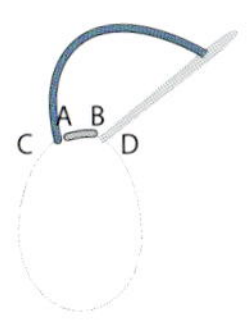

3. Um den Stich zu fixieren, auf der eingezeichneten Linie an Punkt D unterhalb von Punkt B wieder einstechen.

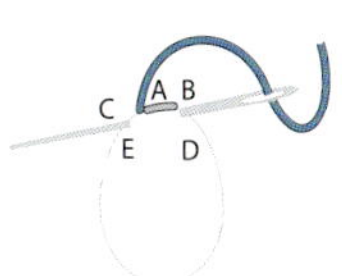

4. Die Nadel an Punkt E wieder ausstechen. Den Faden festziehen, sodass ein parallel zum ersten verlaufender Stich entsteht.

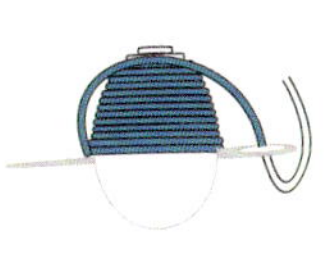

5. Die Schritte 3 und 4 ständig wiederholen und so die Form füllen.

STRICKMASCHEN

RECHTE MASCHE

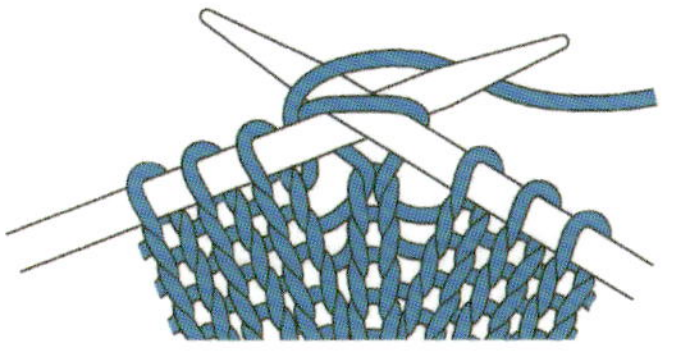

1. Die rechte Nadel von links nach rechts in das Maschenglied der I. Masche einstechen. Den Faden von unten über die Nadelspitze legen.

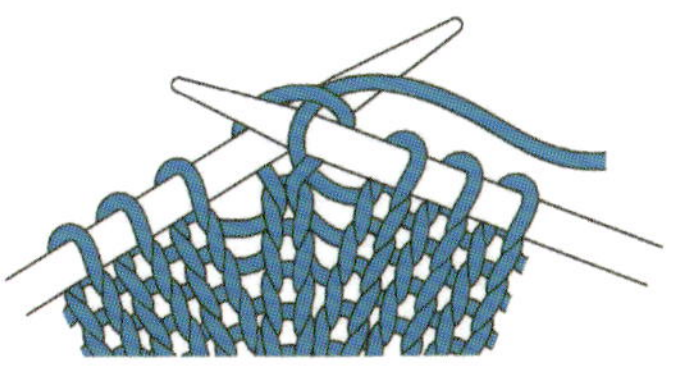

2. Die Nadelspitze nach vorne holen und dabei den Faden durch das Maschenglied ziehen. Die Spitze der linken Nadel nach links schieben, sodass die neue Masche auf die rechte Nadel gleitet. Den Vorgang bis zum Ende der Reihe wiederholen.

LINKE MASCHE

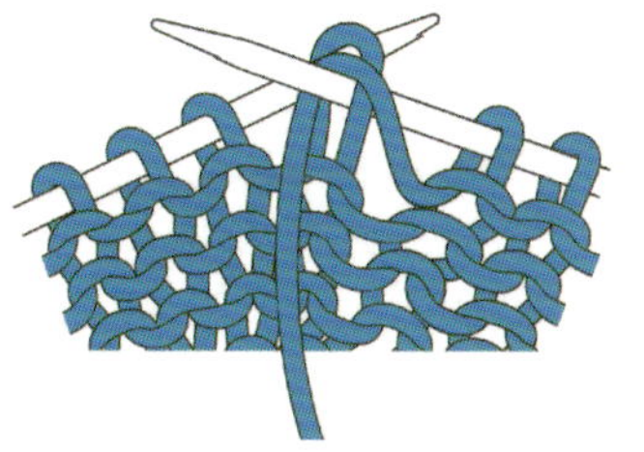

1. Die Nadel unter das Maschenglied der I. Masche einstechen. Den Faden von oben über die Nadel legen.

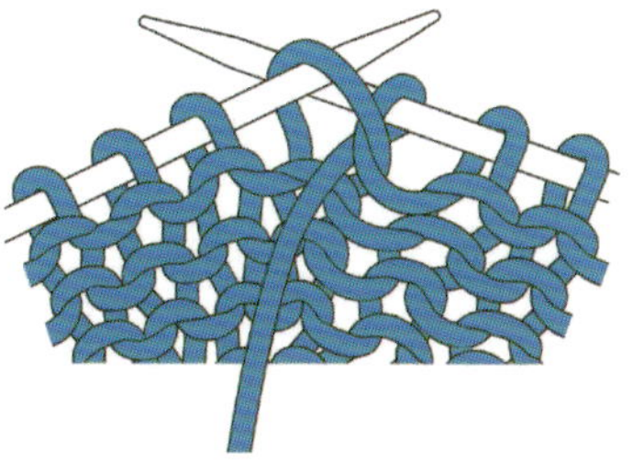

2. Die Nadelspitze nach vorne holen und dabei den Faden durch die Anfangsmasche ziehen. Die Spitze der linken Nadel nach links schieben, sodass die neue Masche auf die rechte Nadel gleitet. Den Vorgang bis zum Ende der Reihe wiederholen.

SCHLAFSACK
siehe S. 52
vergrößern mit 108 %

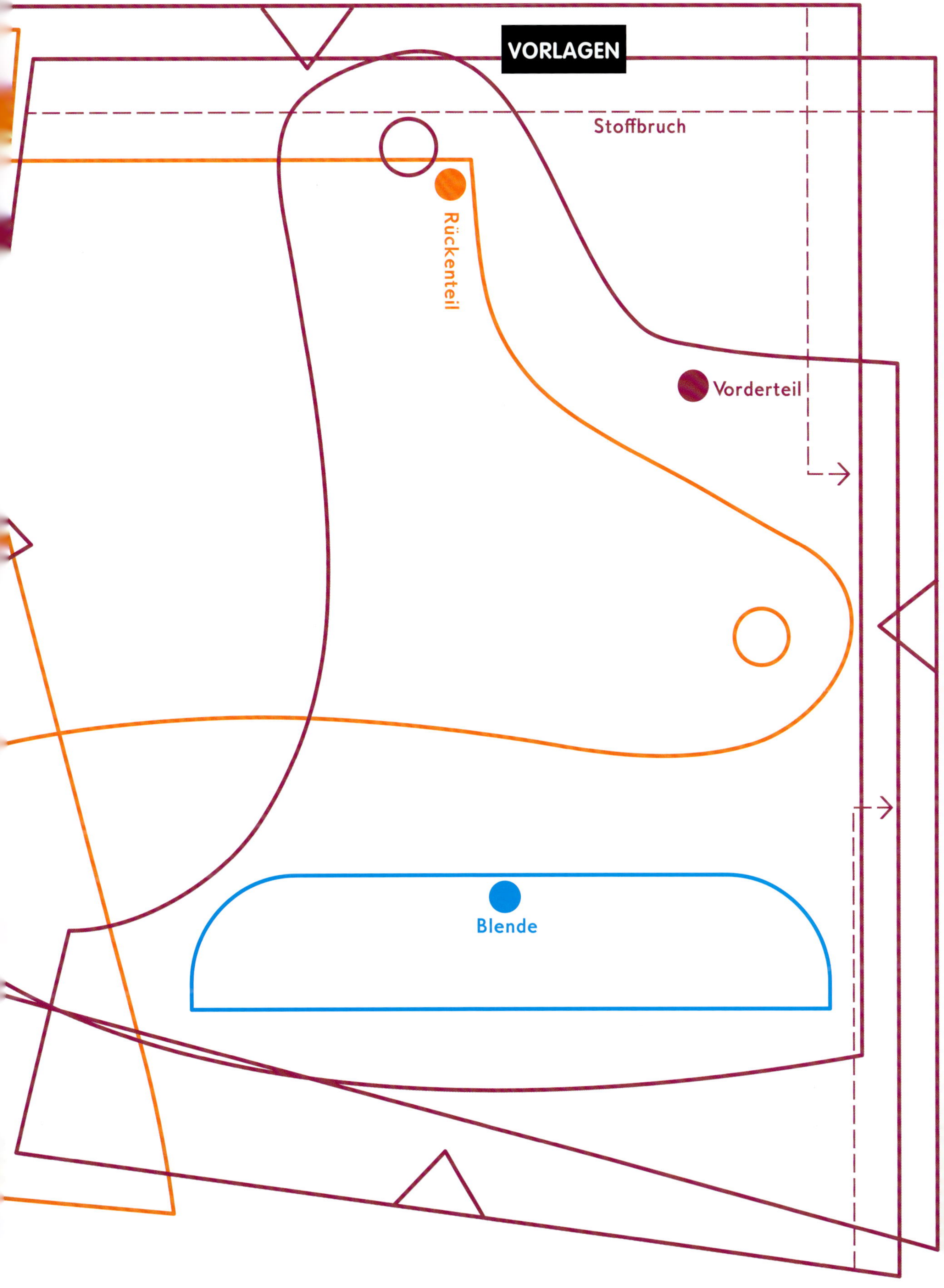
Stoffbruch
Rückenteil
Vorderteil
Blende

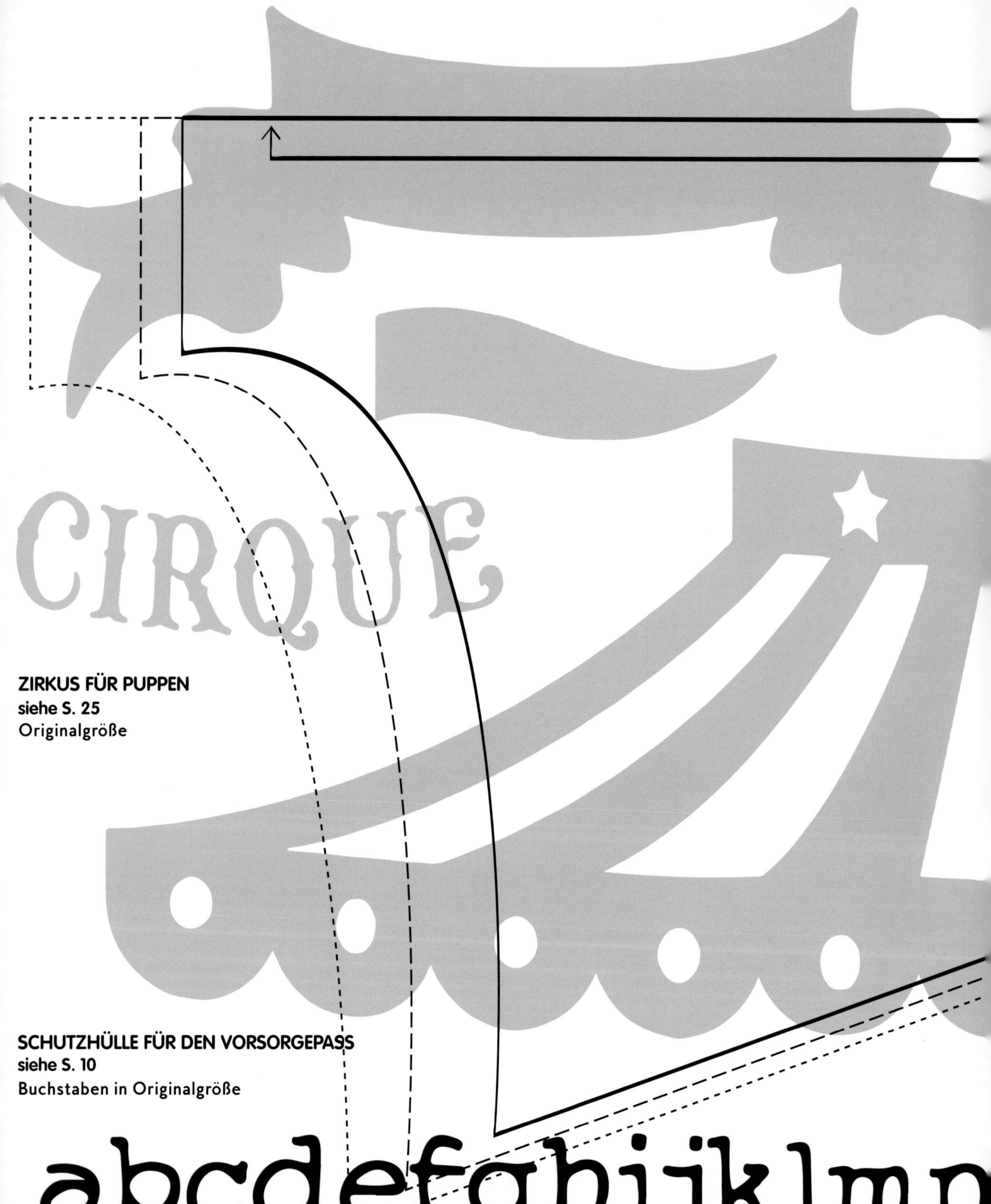

ZIRKUS FÜR PUPPEN
siehe S. 25
Originalgröße

SCHUTZHÜLLE FÜR DEN VORSORGEPASS
siehe S. 10
Buchstaben in Originalgröße

abcdefghijklmn

ABCDEFGHIJKLMN

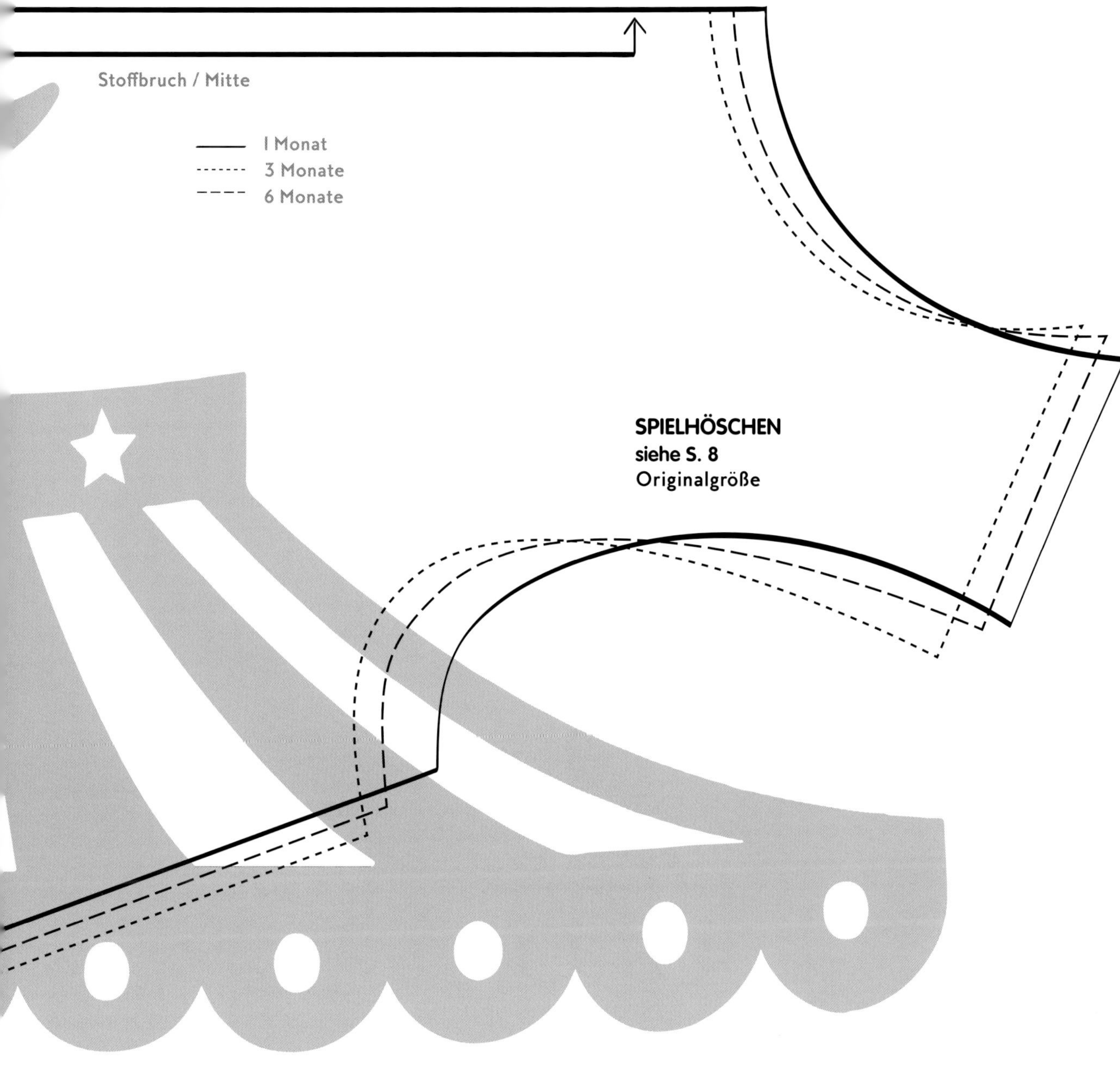

opqrstuvwxyz
OPQRSTUVWXYZ

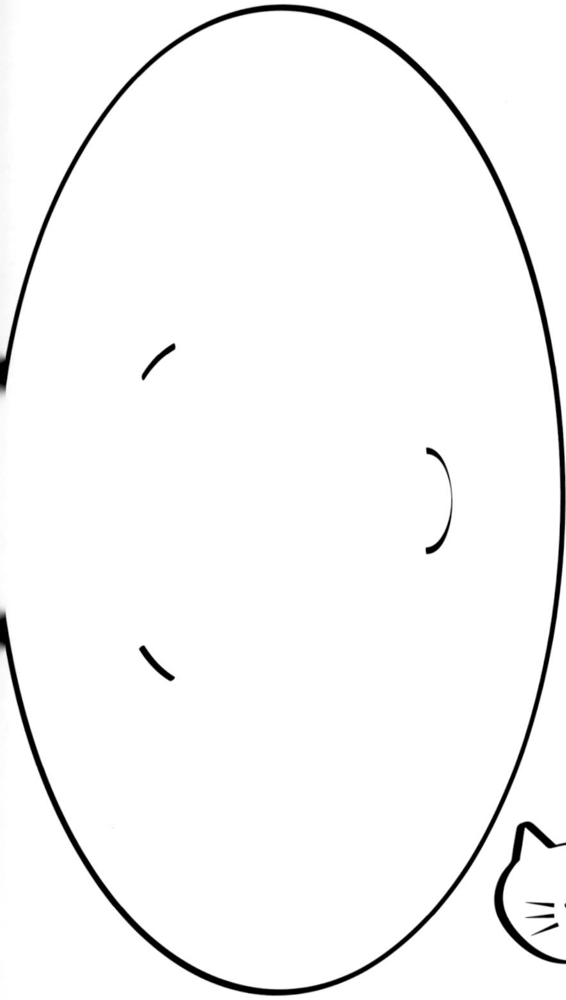

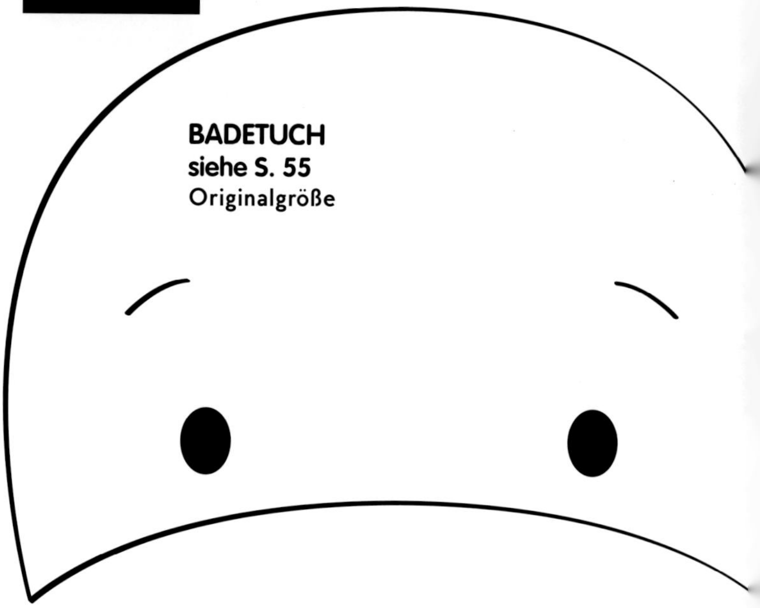

BADETUCH
siehe S. 55
Originalgröße

FLICKEN
siehe S. 34
Originalgröße

MOBILE
siehe S. 63
Originalgröße

TAST- UND FÜHLBUCH
siehe S. 14
Originalgröße

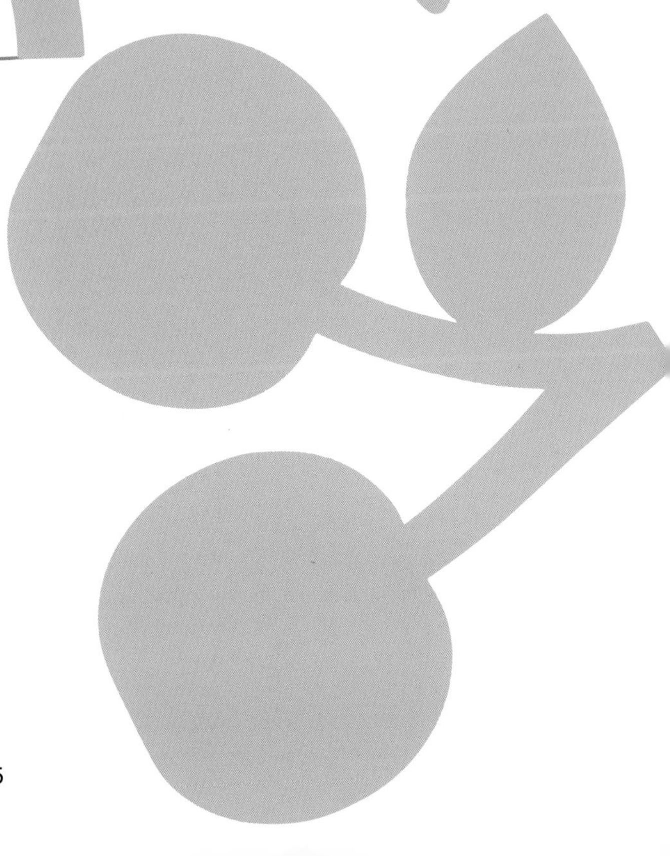

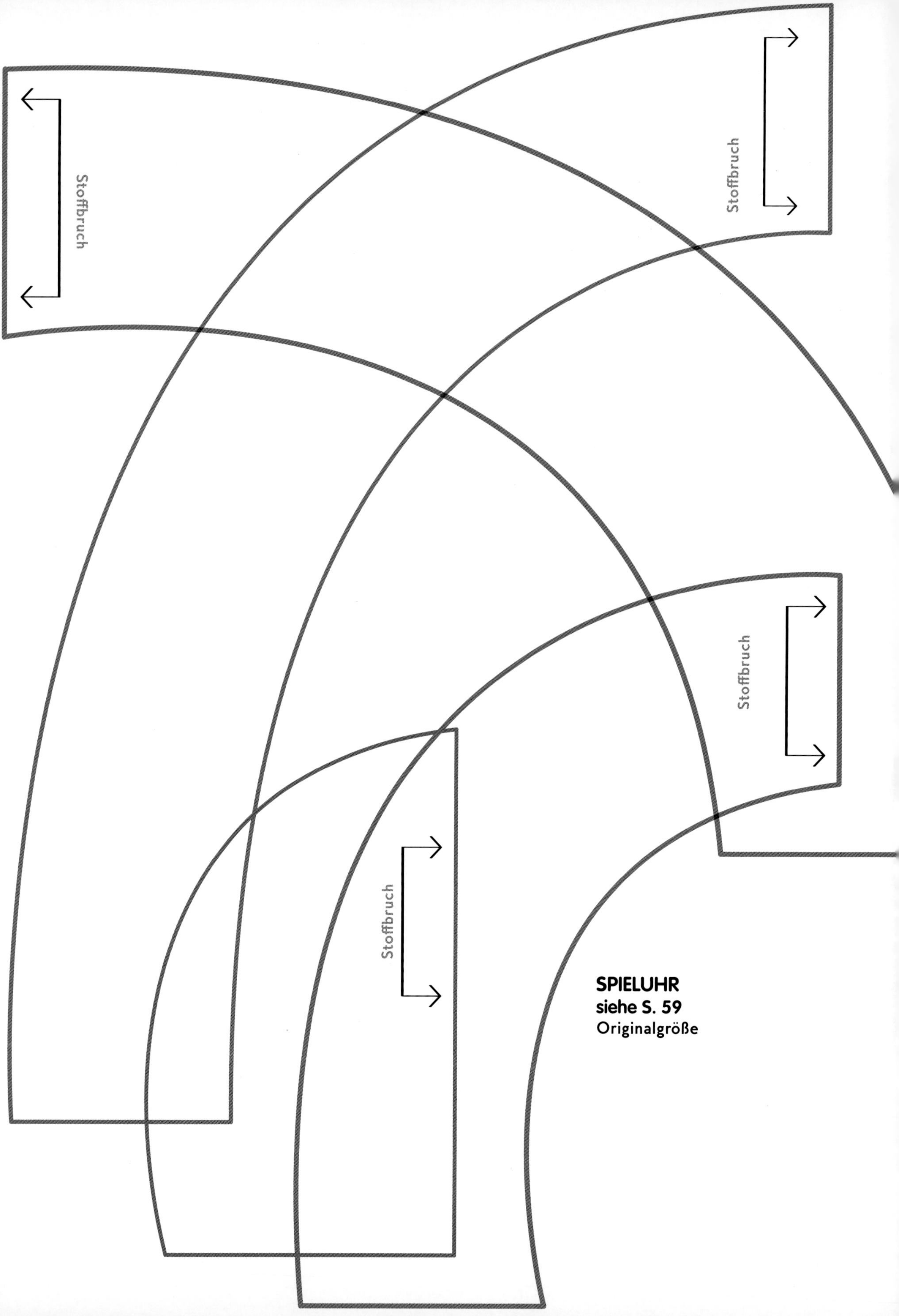

SPIELUHR
siehe S. 59
Originalgröße

VORLAGEN

BEISSRING
siehe S. 51
Originalgröße

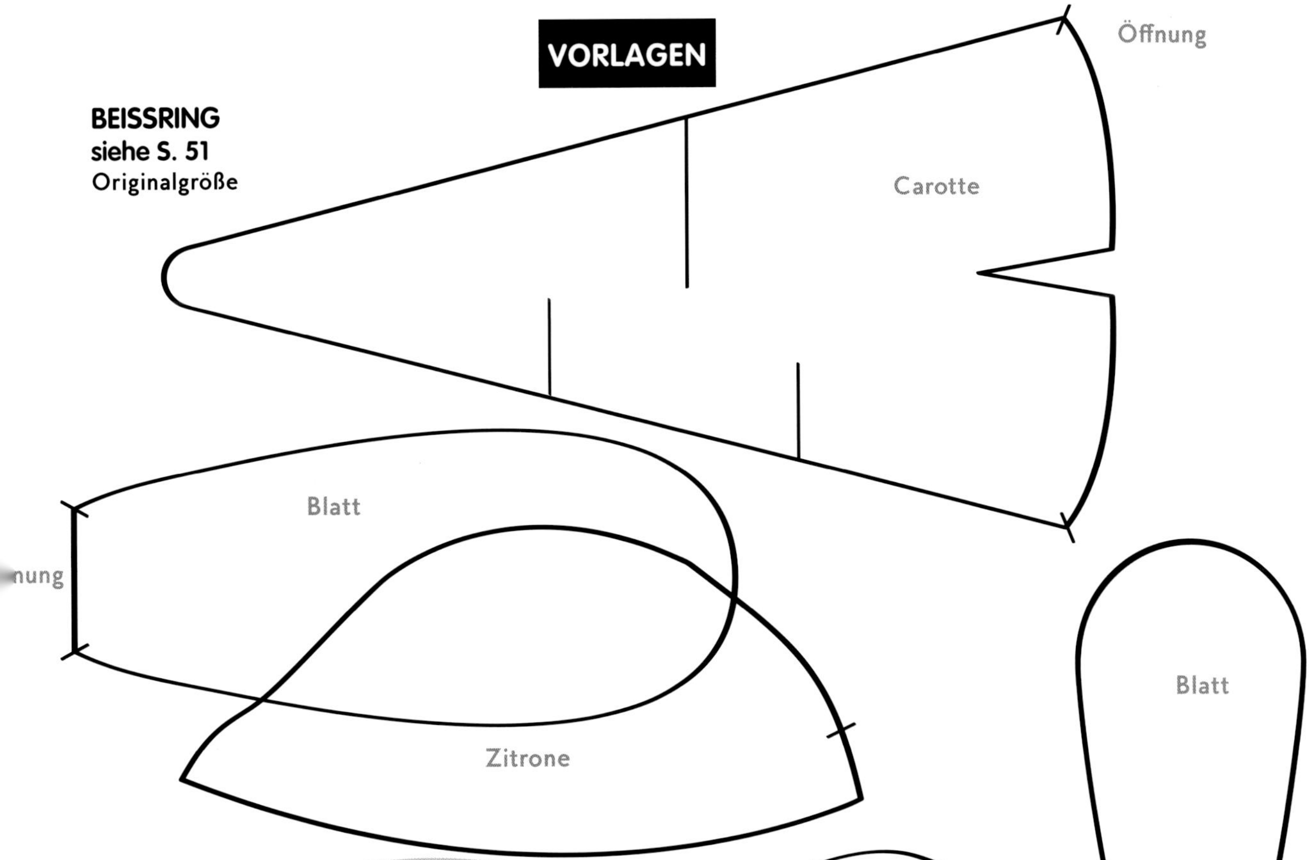

MOBILE
siehe S. 63
Originalgröße

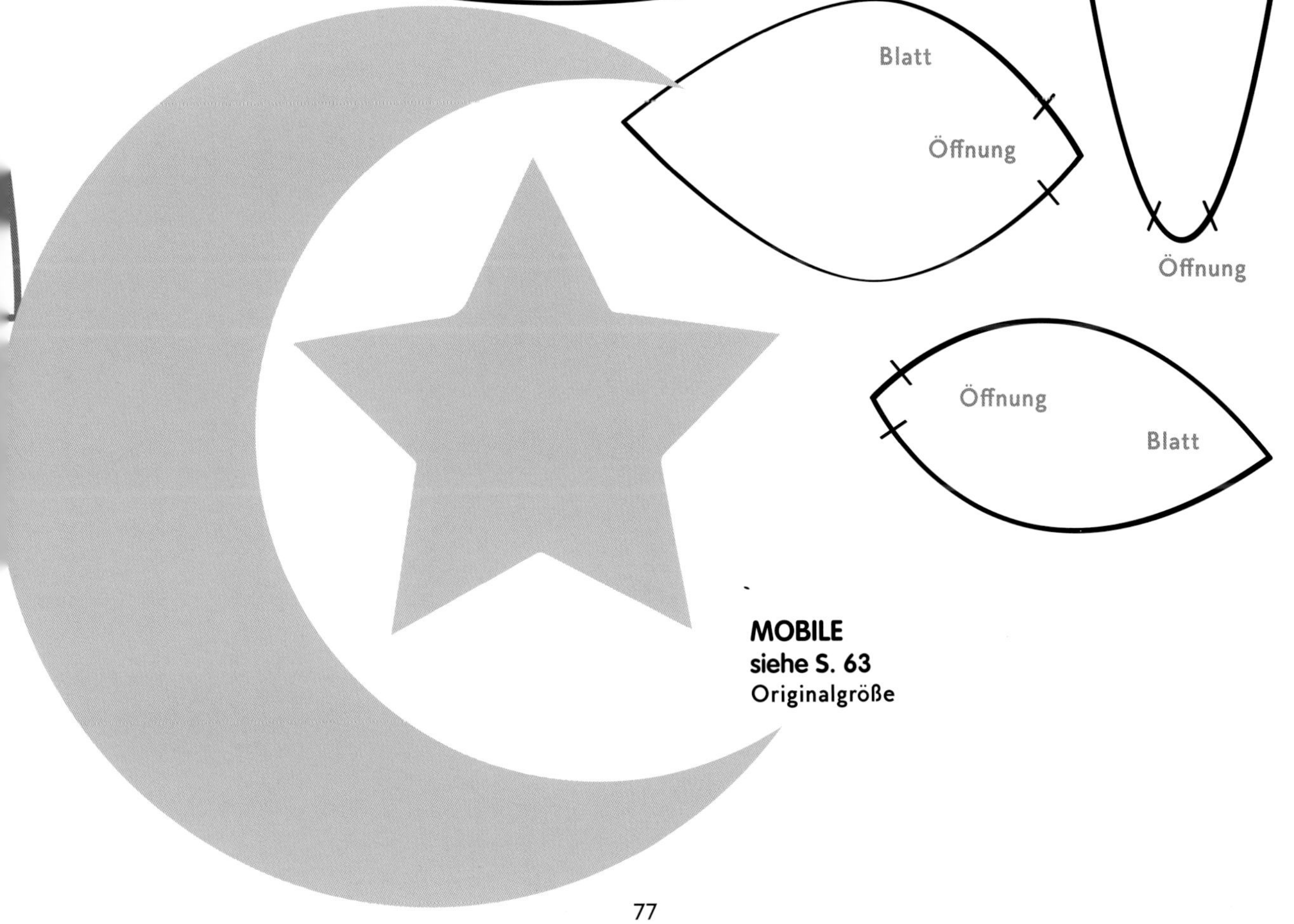

VORLAGEN

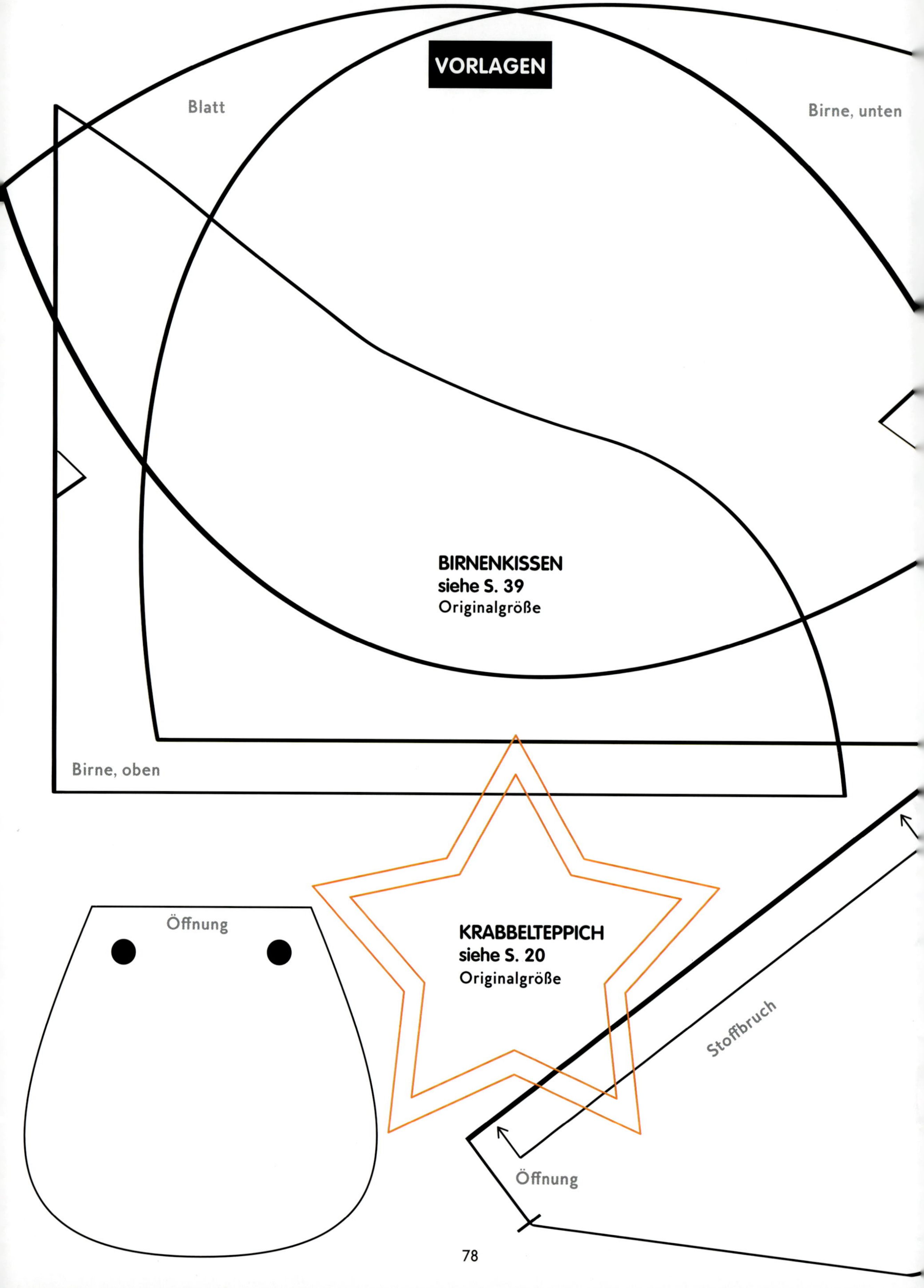
Blatt
Birne, unten
BIRNENKISSEN
siehe S. 39
Originalgröße
Birne, oben
Öffnung
KRABBELTEPPICH
siehe S. 20
Originalgröße
Stoffbruch
Öffnung

TRAUM-REGAL
siehe S. 44
Originalgröße

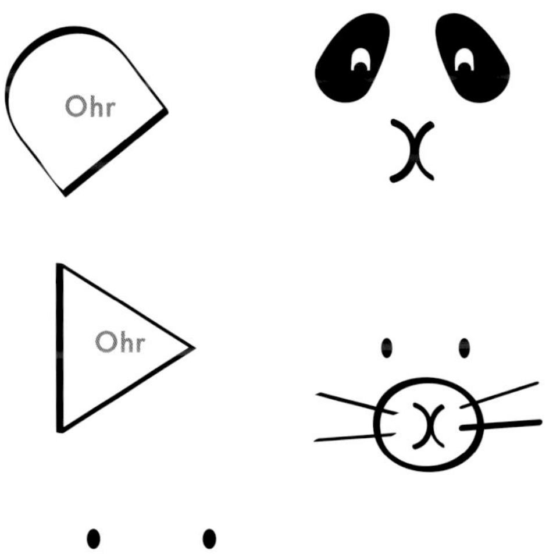

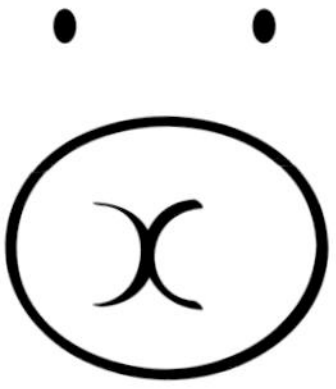

FINGERPÜPPCHEN
siehe S. 27
Originalgröße

Impressum

Die Originalausgabe ist erstmals erschienen unter dem Titel „L'Atelier Bébé zéro déchet" bei:
© Marabout (Hachette Livre) 2021
édité par Hachette Livre
(58, Jean-Bleuzen - 92178 Vaves Cedex)

Für die deutsche Ausgabe:
Produktmanagement: Dr. Katrin Korch
Übersetzung: Dr. Katrin Korch
Lektorat: A. Reuß
Satz: Martin Jablonka
Umschlaggestaltung: Andreas Kersten
Herstellung: Kathleen Baumann
Printed by C & C Offset Printing

Alle gezeigten Modelle, Illustrationen und Fotos sind urheberrechtlich geschützt. Eine gewerbliche Nutzung ist untersagt. Dies gilt auch für eine Vervielfältigung bzw. Verbreitung über elektronische Medien. Autorin und Verlag haben alle Angaben und Anleitungen mit größtmöglicher Sorgfalt zusammengestellt. Dennoch kann bei Fehlern keinerlei Haftung für direkte oder indirekte Folgen übernommen werden. Stoffe, Materialien und Modelle können von den jeweiligen Originalen abweichen. Die bildliche Darstellung ist unverbindlich.
Sollte dieses Werk Links auf Webseiten Dritter enthalten, so machen wir uns die Inhalte nicht zu eigen und übernehmen für die Inhalte keine Haftung. In diesem Buch wird aus Gründen der besseren Lesbarkeit das generische Maskulinum verwendet. Weibliche und anderweitige Geschlechteridentitäten werden dabei ausdrücklich mitgemeint, soweit es für die Aussage erforderlich ist.

Die Deutsche Nationalbibliothek verzeichnet diese Publikation in der Deutschen Nationalbibliografie; detaillierte bibliografische Daten sind im Internet über http://www.dnb.de abrufbar.

★★★★★

Sind Sie mit diesem Titel zufrieden? Dann würden wir uns über Ihre Weiterempfehlung freuen. Erzählen Sie es im Freundeskreis, berichten Sie Ihrem Buchhändler oder bewerten Sie beim Onlinekauf. Und wenn Sie Kritik, Korrekturen oder Aktualisierungen haben, freuen wir uns über Ihre Nachricht an Christophorus Verlag,
Postfach 40 02 09, D-80702 München oder per E-Mail an lektorat@verlagshaus.de.

© 2023 Christophorus Verlag in der Christian Verlag GmbH, Infanteriestraße 11a, 80797 München

Alle Rechte vorbehalten.

ISBN 978-3-8410-6716-6

Unser komplettes Programm finden Sie unter

www.christophorus-verlag.de

Kreativ-Service

Sie haben Fragen zu den Büchern und Materialien? Frau Erika Noll ist für Sie da und berät Sie rund um alle Kreativthemen. Rufen Sie an! Wir interessieren uns auch für Ihre eigenen Ideen und Anregungen. Sie erreichen Frau Noll per E-Mail:
kreativ-service@c-verlag.de oder Tel.: +49 (0) 89 - 1306 99 - 577.

Besuchen Sie uns im Internet: www.christophorus-verlag.de & www.selbstgemacht.de